ro
ro
ro

Tom Blech ist das Pseudonym eines Mannes, der seit vielen Jahren als Lehrer und in der Lehrerausbildung tätig ist. Trotz gesundheitlicher Zerrüttungen aller Art hat sich Blech dem Titanenwerk geweiht, eine – wenn schon niemals umfassende, so doch umfängliche – Stichwortsammlung zu all jenem anzulegen, was da an schulischem Elend existiert. Und das ist einiges, wie er aus eigener Erfahrung zu berichten weiß.

Tom Blech

Lexikon des schulischen Elends

Rowohlt Taschenbuch Verlag

Originalausgabe

Veröffentlicht im Rowohlt Taschenbuch Verlag, Reinbek bei Hamburg, Mai 2007 ➢ Umschlaggestaltung ZERO Werbeagentur, München ➢ (Illustration: FinePic, München) ➢ Satz Lexikon No 1, InDesign, bei Pinkuin Satz und Datentechnik, Berlin ➢ Druck und Bindung Clausen & Bosse, Leck ➢ Printed in Germany ➢ ISBN 978 3 499 62238 0

Um meine Identität zu schützen,
kann ich dieses Buch leider nur verschlüsselt widmen:
der Hyazinthe, der Herbstzeitlosen
und dem Gänseblümchen.

Vorbemerkung

Man mag sich zweierlei fragen: Wenn alle Menschen, sämtliche Organisationsformen, Institutionen, ja selbst physikalische Gegenstände, die im Rahmen von «Schule» anfallen, in den Staub getreten werden, was bleibt dann? Die Antwort vorab: nichts.

Wo sieht sich der Autor dann selbst – am Ende über das Elend erhaben? Keineswegs – im Gegenteil.

T. B.

A

Abc-Schütze, der: sechsjährige unerzogene Bestie beiderlei Geschlechts. Größenwahnsinniges Zahnspangenmonster, im Winter friert ihm der Hosenstall zu, im Sommer fällt er ob der Hitze um. Abc-S. ist Analphabet, angetreten, diesen Zustand zu ändern.

Glücklicherweise ist der junge Mensch körperlich nicht in der Lage, seine Omnipotenz und Gewaltphantasien gänzlich auszuleben, er hätte uns sonst wahrscheinlich längst ausgerottet.

«Gib mir das, oder ich bring dich um» ist eine in letzter Zeit immer häufiger gehörte Aussage unseres Charakters. Mithin ist der Abc-S – und wir alle waren einmal einer – phylogenetisch ein Faschist. Das sieht man den ➢ Grundschullehrerinnen nach einigen Jahren auch an.

Abistreich, der: just das andere Ende der Schullaufbahn (➢ Abc-Schütze), zum Schluss kehrt ja alles ins Ursprüngliche zurück: Der Kadaver düngt das Feld, der Abiturient (➢ Abitur) darf seltsamerweise noch einmal einen Tag ein Abc-Schütze sein – die unfassbare gesellschaftliche Toleranz für den damit einhergehenden Radau schließt auch den Abusus größter Alkoholmengen ein, ja, dieser ist sogar erwünscht.

Eine gewisse Inflationierung der Possen gibt für die Zukunft zu denken: Derzeitiger Stand sind moderate Sachbeschädigungen, Komplettbesetzungen der ➢ Schule, Lehrerautos mit Nutella einschmieren, trunkene Umzüge mit hämmernder Musik, uniforme T-Shirts sowie «Abiiiiiiiii, Abiiiiiii» grölen. In den

Achtzigern genügten noch ein kleiner Autokorso und kurze, wenn auch von Bosheit nicht freie Unterrichtsstörungen.

Was also wird kommen? Wann wird der erste ➢ Lehrer ein Staatsbegräbnis erhalten, weil er im Zuge des A. versehentlich zu Tode kam?

Oder aber: implodiert der Blödsinn wie die New Economy, verschwinden die mit «Abi 200x» hochoriginell verzierten Heckscheiben vom ersten selbsterbettelten Polo? Wird einmal Ruhe sein? Wohl nicht.

Nachtrag: Bereits hier, am Anfang unserer traurigen Systematik, erfordert die sogenannte Wirklichkeit Nachbesserungen: Auf Reisen entdeckte der Autor ein Plakat, das zur «12. Klasse Stufenparty» in eine lokale Großdisco lud. Verschiedene Musikgruppen und kulinarische Exklusivitäten wurden in Aussicht gestellt, freilich war ein horrender Eintrittspreis zu entrichten.

Man feiert nun also nicht mehr, dass man etwas (das mehr oder weniger wertlose ➢ Abitur) geschafft hat, sondern feiert umso prächtiger und barocker, dass man es noch nicht geschafft hat, feiert sich einfach dafür, dass man es vielleicht versuchen wird.

Abitur, das: Abschluss des ➢ Gymnasiums. Es gibt den sogenannten Bedeutungswandel: Wörter, die ehedem die Bedeutung A hatten, haben allmählich oder plötzlich eine zusätzliche oder einzige neue Bedeutung B. So wurde das Schmutzwort «geil» in den siebziger Jahren zum juvenilen Ausdruck für alles Gute und Schöne.

Daneben gibt es aber auch den Bedeutungsverlust. «Sozialer Marktwirtschaft», «Solidarität», «Gerechtigkeit» beispielsweise ist alle Bedeutung abhandengekommen. Das A. holt gegen diese großen drei und viele andere («Rente») gewaltig auf. Ehedem verhieß es ein Leben mit Perspektive – heute markiert es einen

Punkt auf einem nach unten gerichteten Zeitstrahl, wo das Leiden der Kindheit endet, verlorene Jahre ihren Abschluss finden und nun globales Ellenbogenstoßen, Familiengründungen und als Resultat Sorgerechtsstreitigkeiten folgen, ja, eigentlich schon die Altersarmut ihren Anfang nimmt.

Das A. kann schon deshalb keinen Taug haben, weil es von uns ➢ Lehrern konzipiert wird.

Abiturzeitung, die: Spaßpostille, die im Umfeld des ➢ Abiturs von einem mit fraglichem Humor ausgestatteten kollektiven Unbewussten stets aufs Neue das Inhaltsverzeichnis diktiert bekommt: versteckte oder offen böse Abrechnungen mit Lehrpersonen, mitunter auch klebriger Dank, signiert oft vom schlimmsten Bösewicht des Jahrgangs, Passbilder und «flotte Sprüche» der frisch Maturierten (➢ PISA-Studie).

Die Texte in der A. atmen eine von den Verfassern unbeabsichtigte Tragik: Zwar sind sie keck und frech geschrieben – denn jetzt können die Pauker ja endlich nicht mehr nachtreten, es sei denn, sie gehen vor Gericht –, trotzdem gelingt es den Verfassern nicht, mit einem Schlag den miefigen Stil, der ihnen über ein Jahrzehnt eingetrichtert wurde, zugunsten einer flotten Schreibe loszuwerden.

«Man könnte vielleicht noch anfügen.»

«Abschließend möchte ich sagen ...»

«Alles in allem sollte man aber nicht vergessen, dass Dr. Schmacht immer ein offenes Ohr ...»

Nein, so leicht wird man die Schulizismen nicht los.

Abschluss, der: Falls es trotz Schlägen und Hilfslehrer nicht zum ➢ Abitur gereicht hat, macht man eben Real- oder Hauptschulabschluss. Gerade bei Letzterem wird politisch betont, wie qualifiziert er sei. Ist er aber nicht. Dennoch kommt es vor, dass gleichsam negativ begabte Zöglinge ganz ohne A. die Schule verlassen und einfach so, quasi naturwüchsig, ihr Glück suchen. Im seltenen Falle, dass man Klobrillen stapeln in Baumarktlagern als Glück empfindet, finden sie es auch bisweilen.

ADS = Aufmerksamkeitsdefizitsyndrom, das: topmoderne Erkrankung, pandemischer als die Schweinepest; praktisch die komplette Jugend wird – obwohl mehrheitlich ➢ hochbegabt – von ihr weggesenst. Hirnuntersuchungen mit Hilfe bildgebender Verfahren (von vergnügten Neurologen erfundene Kolorierungen diverser Hirnteile) bewiesen sie angeblich. Seitdem kann niemand, schon gar nicht ➢ Eltern oder ➢ Lehrer mehr etwas dafür, dass das Kind nichts lernt und eine böse Sprache pflegt. Und allen geht es besser, freilich niemals gut. ➢ Hyperaktivität.

Alkoholismus, der: bekanntermaßen hoffnungsloses Trinken ohne Maß und Ziel. Wiewohl der ➢ Lehrer ein bitteres Los zu tragen hat (nämlich Lehrer zu sein), nimmt die rasante Verbreitung des A. unter denen, die der Schule dienen, doch wunder: Immerhin kann die Lehrkraft in aller Regel ja nachmittags in Therapie, Sauna oder Kamasutrastudio Aufbau und Erquickung erfahren, was beispielsweise Friseure, Sachbearbeiter, Berufsberater, gar «Manager» erst gegen Abend können und somit noch eine Ausrede mehr hätten, Wodka-Varianten in sich hineinzufüllen. Nun ja, das tun sie ja auch.

Wir Lehrer haben wohl (wieder einmal) vor allem Pech. In vielen anderen Berufen kann man sich einschließen, bis der Schnaps rausgeschwitzt ist, die Lehrperson aber muss schwankend vor das junge Volk treten, das ihren Zustand natürlich sofort bemerkt und deshalb den Lautstärkepegel – «jetzt wollen wir den mal richtig ärgern» – noch einmal nach oben treibt.

Daneben einige weitere Wahrheiten: Der Lehrer trinkt auch, weil er vielfach in sich den verkannten Künstler wittert – und bekanntlich ist der Absinth des Malers, Dichters Manna.

Außerdem ist er häufig phobisch strukturiert – vulgo: ➢ Angst hat er, der Mann mit der ➢ Kreide, Angst hat sie, die Frau am Projektor, und was hilft, neben Selbsthilfegruppe, Fremdgehen, Joggen (zumindest mal Joggingschuhe kaufen ...)? Eben! Ein ordentlicher Schluck von Zeit zu Zeit.

(➢ Kollegium)

Alphabetisierung, die: von unversöhnlichen, schlechterdings nicht nachvollziehbaren Grabenkämpfen um die richtige Form des Lesen- und Schreibenlernens vergiftetes Feld. Zuerst ein «H» und später «Hase»? Oder erst der kleine Hoppler und dann die Buchstaben runtersegmentieren? Soll ein Buch verwendet werden, oder basteln wir alles selbst, notfalls unter Hinzuziehung der davon zu guten Teilen schwer entnervten Eltern? Ja, unterrichten wir, oder öffnen wir dem Kind eigene Lernwege? Und selbst wenn Tests nahelegen, dass das mehrheitlich scheißegal ist, kümmert's uns?

Altphilologenverband, der: Wärmestube für den sozial obdachlosen Lehrer schöngeistiger Ausprägung.

Amtsblatt, das: enthält Gesetzesänderungen und (wichtiger noch) Stellenanzeigen. Eine der wenigen wirklich bindenden Vorschriften für die Lehrkraft ist es, das A. zu lesen und dies per Kürzel (wir wollen es ja nicht übertreiben mit der Schufterei) «nachzuweisen». Gerade die Stellenangebote könnten ja dem gequälten Lehrmenschen einen Strahl Hoffnung in seinen Alltagskerker senden. Deutsche Schule in Nordkorea – neuer Anfang – Herausforderung ... Trotzdem oder – autopunativ – deshalb: Das A. wird nicht gelesen, wir machen's nicht, ätsch! Warum? Darum!

Anfangsunterricht, der: bezeichnet eine nicht seltene, weinerlich-klebrige Form des pädagogischen Handelns, deren Akteure recht altbackenen ästhetischen Prinzipien anhängen und gleichzeitig immer das (angeblich) neueste Ergebnis der Hirnforschung daherbeten.

Also sollen Kinder beispielsweise am ersten Schultag unter einem herbstlichen Gebinde einen rotbackigen Apfel essen, ob sie wollen oder nicht. Sie sollen die Frucht aber in der linken Hand halten, das macht sie vielleicht kreativer. (➢ Kinesiologie)

Angst, die: von Zittern, Schweißausbrüchen, Herzklopfen begleitetes Alltagsgefühl aller, die das Schulgebäude betreten müssen. Die A. eint alle. Angst vor der ➢ Schule, vor den ➢ Lehrern, den ➢ Schülern. Alle haben sie und leiden, alle verbreiten sie aber auch reuelos. Der Wiener Pyrotechniker und Poet André Heller sang einst im Fernsehen (dass man aber auch gerade so was nicht vergisst): «Es gibt eine Angst, die macht klug!» Und irrte entsetzlich.

Antiaggressionstraining, das: hochmoderne Kardinalskasperei zur Minderung von Gewaltausbrüchen bei Schülern; Betätigungsfeld für verbitterte Hennahaarige, die mit der ständig vor sich hergetragenen Eigentitulierung: «Ich bin Antiaggressionstrainerin» ein letztes bisschen Lebenskraft herbeihalluzinieren. Erstaunlich mühelos kommen die veranstaltenden Lehrer an angeblich überhaupt nicht mehr vorhandene staatliche Gelder. Die verbraten sie dann beim ➢ Klettern, ➢ Heißer-Stuhl-Spielen, Fingerfarben-Sudeln, Pseudo-Therapieren. Die Ergebnisse solcher ➢ Workshops mit jugendlichen Schuften sind außerordentlich mäßig, ja, sozusagen nicht vorhanden. Trotzdem brummt die Sache.

Arizona-Projekt, das: Der Name verschleiert es nicht gerade, das Zeug kommt aus den USA. Und ach, es ist wieder einmal so kompliziert, dass man es kaum verstehen kann. Nehmen wir Vanessa: Vanessa ruft: «Leck mich!» Fest, aber bar jeder Aggression deutet der ➢ Lehrer (➢ Impuls) auf das Regelplakat. Dort lesen wir: *Jeder Lehrer hat das Recht, ungestört zu unterrichten. Jeder Schüler hat das Recht, ungestört zu lernen.*

Diese erfurchtgebietenden Weisheiten werden vom Lehrer rhetorisch noch getoppt: «Vanessa, du hast gegen die Regeln verstoßen, möchtest du dein Verhalten ändern?»

Selbstverständlich will Vanessa dies offiziell und tut es dennoch nicht. Deshalb muss sie in den Arizonaraum, wo der Kollege Soundso sitzt und auf Schüler wie Vanessa wartet. Ein Rückkehrplan mit realistischen Zielen wird erarbeitet ...

Erfreulicherweise kommt der Krempel langsam, aber sicher auch wieder aus der Mode. Es ist zwar ganz nett, dass man ein Großmaul in den Arizonaraum verbannen kann, ob der nun so heißt, Karzer oder Kerker oder Guantanamo. Aber die Besserung sozial Verrotteter mit Hilfe von Plänen, «Vielkommergesprächen», der fünfhundertfachen Thematisierung des zitierten staubdummen Regelduos, das klappt wohl nur in Arizona.

«Giovanni, du warst letzte Woche jeden Tag im Arizonaraum, warum?»

«Weiß nicht.»

«Weil du die Regeln nicht eingehalten hast!»

«Ja.»

«Deshalb treffen wir uns heute.»

«Hm.»

«Kennst du die Regeln denn?»

«Ja.»

«Und wie lauten die?»

«Ich weiß nicht.»

«Hast du die jetzt plötzlich vergessen?»

«Ja.»

«Ich sage sie dir: Jeder Lehrer hat das Recht, ungestört zu unterrichten. Jeder Schüler hat das Recht …»

«Ja, jetzt weiß ich's wieder: Jeder Schüler hat das Recht, ungestört zu sein …»

«… zu LERNEN, Giovanni, zu LERNEN!»

«Ja.»

«Warum störst du so oft den Unterricht?»

«Weiß nicht. Mir ist langweilig.»

Usw. usf.

Wie gesagt, in Arizona klappt das, und zwar bombig. Sagt man.

Arzt, der: in Gesundheitsdingen angeblich versierter Mensch, der in seiner massenhaften Blödigkeit schon uns ➢ Lehrern gleicht. Mitunter ist er unser engster Verbündeter, manchmal unvorhersehbarerweise auch unser ärgster Peiniger. Je nach Stand seines Budgets schreibt der Arzt den Lehrer für ein mildes Ziehen im Rücken sechs Wochen krank und entlässt ihn inklusive Vollpension auf die Kanaren. Oder aber er schickt den von plötzlicher, brummender Taubheit versiegelten Beamten eben gerade zum Unterrichten, weil er dort «auf andere Gedanken» komme.

Nicht selten hasst der Arzt den Lehrer schon einfach für dessen scheinbar überschaubare Arbeitszeiten und will nicht einsehen, dass er an seiner elenden Berufswahl selbst schuld ist. Wär er halt nicht Arzt geworden! Sondern Lehrer.

Aufgabenstellung, die: eine Art Befehl vom ➢ Lehrer an die ➢ Schüler, der qua definitionem nicht befolgt wird.

Aufsatz, der: autosexuelle Textsorte, aus dem Nichts entstanden und zeugt sich selbst fort. Strenges, jedoch gänzlich ohne Vernunft auskommendes Regelgewirr umklammert den A. Er habe: Einleitung, Hauptteil und Schluss, vor allem aber Überschrift und Datum. Er enthalte: das, was der Lehrmensch will, oder er ähnle einfach dem aus dem Sprachbuch. Themen: Erlebnisse, Unfälle, Flicken von Fahrradreifen, Pflege eines Aquariums, Ausbildung zum Blindenhund, Pro und contra Aids und «Faust» aus heutiger Sicht. Gelegentlich greift der ➢ progressive Lehrersmann, die ➢ progressive Lehrersfrau auch nach Aktuellem: Soll die Bundesregierung für deutsche Geiseln im Ausland Lösegeld zahlen? Begründe deinen Standpunkt! Verwende Adjektive.

Wie auch immer: Bis der A. zurückgegeben wird, sind die Geiseln längst zur Kur im Mittelgebirge.

Aufsicht, die: eine Tätigkeit, die zwar weniger gewaltsam ausfällt als die ➢ Pausenaufsicht, die freilich möglicherweise noch elender stattfindet. Der ➢ Lehrer tut in ihrem Vollzug nämlich gar nichts mehr. Er sitzt einfach da, während die ➢ Schüler eine Prüfung ablegen, eine ➢ Klassenarbeit schreiben, auf einem ➢ Zettel raten, welche Bedeutungen den zehn vom Lehrer planlos herausgegriffenen Vokabeln (➢ Vokabeltest) wohl gut stehen könnten.

Während der A. ist es still, und meist sind die Zöglinge tatsächlich in ihrer Tätigkeit versunken bzw. täuschen so geschickt, dass man es übersehen kann.

Das ist eine gefährliche Situation, denn sie ermöglicht uns, eine Zwischen-, gar finale Bilanz unseres Wirkens zu ziehen. So hat man es sich doch einst vorgestellt: in Ruhe und Frieden mit kooperationswilligen Heranwachsenden arbeiten. Ja, aus manchem Schülergesicht weicht, unter der Anspannung, die das ungewohnte Denken mit sich bringt, die Heimtücke und Bosheit zugunsten eines Eifers, der uns nur immer rührseliger macht.

Dies störende Gedanken blenden wir aus. Wir haben uns nämlich eigentlich gar nichts vorgestellt, damals, als wir Lehrer wurden (➢ Berufswahl), und wenn, dann war es noch unschärfer und schloss (aufrichtig sein, Kollegen!) natürlich auch die Arbeits- und Freizeiten unseres Standes ein, die ➢ Beihilfe, die Zuschüsse zum ➢ Bausparvertrag, die einstmals üppige Pension. Und warum auch nicht? Der angehende ➢ Arzt mag Leiden lindern wollen, er will aber auch gerne einen weißen Kittel tragen, vor dem der durch Krankheit geschwächte Mitmensch das Haupt beugt.

Jetzt gibt der erste Schüler ab. Milde erlauben wir, dass er schon heimgeht, winken am Ende lächelnd hinter ihm her. Nun geben sofort alle anderen auch ab, lachen uns aus, verlassen lärmend das ➢ Schulgebäude.

Allein sitzen wir im leeren Klassenzimmer und wissen: Es gibt Senge von der ➢ Schulleitung, von den ➢ Eltern, am Ende von der ➢ Schulaufsicht.

«Bei Ihnen gehen also alle schon um zwanzig vor eins! Was sind das für Zustände?»

«Sven wurde von einer Kehrmaschine gerammt, das wäre

nicht passiert, wenn er zu diesem Zeitpunkt noch planmäßig in der Schule gewesen wäre!»

Auftrag, der: Lehrer haben Aufträge zu Erziehung und Bildung, diese erfüllen sie, indem sie den ➢ Schülern Aufträge erteilen, die diese wiederum aber oft nicht erfüllen. Das Wort ist tot, ist nur noch Hülle.

Gott sei Dank gibt es den finanziellen Dauerauftrag, der läuft automatisch, und also darf das Wort noch ein bisschen bei uns bleiben.

außerunterrichtlich (Adj.): alles außer Unterricht

Autorität, die: Vermögen des Menschen, ohne körperliche Überlegenheit eine Alpha-Stellung in Gruppen einzunehmen. Unklar ist der Erwerb der A., gar ihre Vererbung. Klar ist: Nicht jeder hat sie, schon gar nicht jeder ➢ Lehrer. Ja, fast immer die falschen sind es, die dank ihrer noch leidlich erhalten die Pensionsgrenze queren: die zwanghafte Datenfetischistin im Fach Geschichte, ein Lückentextausteiler im Dienste der Biologie – die haben sie dann, und man weiß nicht, woher.

Manch ursprünglich guter Mensch entbehrt ihrer gänzlich und wird in den Staub getreten von vielen kleinen Schülerfüßen. (➢ Lehrer)

B

Bank, die: So nennt man in der Schule falsch und ausdauernd den Schülertisch. Weil er früher mal eine Art Bank war. Wir ahnen nicht zum ersten Mal, dass etwas in der ➢ Schule so ist, wie es eigentlich nicht mehr ist, sondern früher war.

Eine B., diesmal eine wirkliche, spielt aber auch im ➢ Sportunterricht eine Rolle, die zu verstehen nicht leichtfällt. Sie wird oft als Hürde oder Ersatznetz benutzt, wirklich als B. verwendet wird sie nur dann, wenn auf ihr jene sitzen, die den Turnbeutel vergessen haben und am Sportunterricht also gar nicht teilnehmen.

Bausparvertrag, der: zum strategischen Vermögensaufbau genutzte Geldanlage. Lehrer sind dabei schon beinahe so emsig bei der Sache wie missratene Erben. Die wirklich schlauen Kollegen verachten, nein, man sollte sagen, verachteten bis vor ein paar Jahren ein paar Jahre lang diejenigen, die noch in einen B. einzahlten.

Um die Zeit des Millenniums: Zwar werden die pädagogischen Fachzeitschriften (mehrheitlich zu Recht) von Mäusen gefressen oder verfallen einfach so zu Staub, der Wirtschaftsteil der großen deutschen Blätter wird indes intensivst studiert. Wenn ein Lehrer in dieser Zeit schlechte Laune hat, muss das nicht zwingend etwas bedeuten – einfach nur, dass er Lehrer ist. Stellen wir uns nun einen unterirdisch schlechtgelaunten Kollegen vor. Hat er am Ende per Seuche oder Ziegelbruch einen Zögling eingebüßt?

Oder sind am Ende die SAP-Aktien herniedergerumpelt?

Ein klares Ja zu Letzterem. (Hinschied eines Kindes wird erst dann so recht zur Tragödie, wenn die Klasse dadurch zu klein und auf die Parallelklassen verteilt wird.)

Nun also platzen die letzten Träume: Aus dem großen Wohnmobil wird ein kleines, aus dem Chalet wird nichts, der projektierte Ankauf des angrenzenden Grundstücks, damit Mischlingsrüde Saul mehr Auslauf hat – alles ist dahin. Wäre man doch beim B. geblieben! Man hat natürlich noch einen kleinen solchen – dem Staat wird nichts geschenkt, aber der wird erst in drei Jahren zugeteilt, und dann muss ein neues Bad her, die Gattin hat Wellness-Blut geleckt.

Am Tag des Aktiencrashs wird ein unangekündigter Test geschrieben und streng benotet.

Zurück in die Gegenwart: Wir zahlen wieder mehr in den B.

Man könnte, nun da sich die Wirtschaft (➢ Wirtschaftsgymnasium) erholt, ja auch mal wieder ein wenig Risiko eingehen ... (Es läutet)

«Ich komme gleich!»

Man könnte möglicherweise ein bisschen Kapital in irakische Staatsanleihen investieren...

«Bin schon unterwegs!»

Das kleine Wohnmobil im Netz versteigern und mit dem Erlös ...

«Herr Blech?»

«Ja doch! Ich komme!»

«Triton ist aus dem Fenster gefallen.»

Beamer, der: elektronisches Projektionsgerät. Funktioniert nicht oder ist seit der WM gestohlen.

Begabtenförderung, die: ➢ hochbegabt

Behaviorismus, der: recht eigentlich widerliches psychologisches Lerntheorem und darüber hinaus längst völlig widerlegt. B. geht davon aus, dass alles Lernen zu planen und zu steuern ist. Das ist es aber nicht, und also will wieder einmal nichts gelingen. In den immer noch vorhandenen Lernzielen, Vermittlungshilfen, ja, dem katzenhaft mit neun Leben gesegneten Schmutzwort ➢ Aufgabenstellung fristet er freilich unerkannt und nicht nur deshalb unverstanden vampiristisch, finster und verderbt sein Dasein.

Beihilfe, die: karitativ klingende Maßnahme, die aus dem Vokabular der Irrenpflege des vergangenen Jahrhunderts rübergemacht haben könnte. Es ist so: Der Beamte zahlt nur 50 % in die Privatkasse, da die anderen fünfzig sein Bundesland abdrückt. Diese völlig verblüffende Großzügigkeit stand und steht nicht zur Disposition. Warum nicht? Gefällt es irgendwie, den Lehrmenschen mit der Verwaltung doppelter Arztrechnungen, zwiefacher Krankheitskorrespondenz wenigstens einmal garantiert am Arbeiten zu wissen? Oder hat man die Millionen vergessen? Oder aber, und das sagen wir ganz leise, die, die beschließen müssten, dass es keine Beihilfe mehr gibt, bekämen dann selbst keine mehr. Könnte doch sein ... Oder?

Belehrung, die: klingt blöd, ist blöd. Belehrung: Nicht bei Rot über die Straße gehen. Das schreibt man ins ➢ Klassenbuch. Dann darf man die Kinder auch mal alleine losschicken, etwas zu «erkunden» (also von A nach B zu gehen und danach von B nach A), und kann in der Zwischenzeit z.B. einen Schoppen trinken. Werden die Kinder überfahren, kein Problem! Man hat sie schließlich im Vorfeld belehrt. So hat sie also doch ihr Gutes, die B.

Beratungslehrer, der: Der B. ist ein zusätzlich qualifizierter ➣ Lehrer. Das ist doch schon mal was. Mit Hilfe einer Art Basispsychologie und vermittels geheimnisvoller Tests, die er im Panzerschrank aufbewahrt, ist der B. in der Lage, ➣ Schüler gezielt randständigen sozialen Gruppen zuzuweisen, vor allem sie zu Lese-Rechtschreib-Schwächlingen zu ernennen. Das macht den B. zu einem begehrten Mann. Denn diese Dienstleistung hat für uns normale Lehrer durchaus handfeste Vorteile. Wenn die Hälfte bis zwei Drittel der Klasse qua Hirnschaden nichts lernt, ist man ganz beträchtlich aus dem Schneider. So traf Schreiber dieser Zeilen einst einen Kollegen, der ihm sogar willig das ➣ Klassenzimmer zur ➣ Hospitation öffnete, um dann in einer schon wieder bewundernswerten Weise nichts zu machen:

Die Kindlein wurden ermuntert, ein Theaterstück über ein Bewerbungsgespräch zu ersinnen und sogleich auch zu proben, bevorzugt irgendwo in der Schule, Zeit sei bis zur ➣ großen Pause, ja, wenn die Zeit, was er eigentlich erwarte, nicht reiche, dann eben länger.

Blöd sind sie dann doch nicht, nur faul und böse, unsere Kinder – natürlich reichte die Zeit nicht. Mithin verließ der Kollege nach der vierten Stunde entspannt seine Klasse, ein durchaus ruhiger Vormittag lag hinter ihm, und jetzt hatte er aus. In den vier Stunden, die zum Plaudern übrig waren, erklärte er mir, dass der B. seine Klasse getestet habe: Alle hätten eine ➣ Lese-Rechtschreib-Schwäche. Das überzeugt natürlich: Wo man nichts machen kann, da muss man nichts tun, geadelt schien in diesem Licht sein nicht stattfindender Unterricht.

Der B. kann aber noch mehr. Nämlich zuhören, wenn ein Kollege am Ende ist bzw. – am Ende sind sie alle – wenn er noch hinter das Ende zurückfällt, die torkelnde Karawane aus dem Blick verliert. Der B. sagt dann: «Das nehme ich sehr ernst.» Machen kann er natürlich nichts.

Zuletzt wird der B. auch immer mal dazugesetzt, wenn irgendeine Konferenz einen pädagogischen Touch hat. Und da sitzt er dann.

Berufsvorbereitungsjahr, das: in einer deutschen Industriestadt wird es in einem Zentrum namens «IB» abgehalten. Die Abkürzung steht für «Integrierte Bildung» oder «Intensive Berufsvorbereitung», etwas in der Art. In realistischer Härte wählen die dortigen Zöglinge aber die Langform «Idioten-Bunker». Das B. hat Vater Staat gramgebeugt für die installiert, aus denen nach dem Hauptschulabschluss (➢ Abschluss) überhaupt nichts wird, denen es zum Straßenfegen an Orientierung, zum Autowaschen an Einsicht, zum Fensterputzen an Intelligenz gebricht. «Ich sehe keine Glasscheibe!»

Entsprechend ist das Niveau. Ein dem Autor bekannter kalabrischer junger Mann schilderte einst glaubhaft, dass er am ersten Tag im IB an eine Aktion der versteckten Kamera glaubte, als man den nahezu Volljährigen das Problem stellte, im einstelligen Bereich schriftlich zu addieren.

In unseren sozial atomisierten Zeiten schwemmt es natürlich auch immer mal schlaue junge Menschen in dieses Abseits. Dass diese dann aus purer Langeweile auch mal eine Tankstelle ausrauben, erscheint fast logisch, ja verzeihlich.

Berufswahl, die: Entscheidung, unter welcher Überschrift man später den Staat finanzieren will, bis man dann mit vierzig zu alt ist und sich das Verhältnis umkehrt. Entsinnen wir uns einmal, wie das war, damals, als wir die neunte Klasse hinter uns hatten. Wir waren hässlich, verwachsen, pickelig und dumm. In diesem Alter und Zustand muss ein Hauptschulkind seine Berufswahl treffen. Das ist kaum möglich, schon richtig – andererseits wird das Ganze ja durchaus erleichtert: Es gibt für Hauptschülerinnen und Hauptschüler gar keine Berufe mehr.

Na, wer sagt's denn – alles halb so wild, in dieser, der untersten Etage.

Schauen wir mal eins höher: Die mittlere Reife öffnet die Welt doch schon erheblich, und das ist gut, denn so kann man wenigstens guten Gewissens zur Auswanderung raten. In Australien suchen sie Krokodilbesamer und nehmen auch welche mit mäßigen Noten (➢ Note).

Bleibt das ➢ Abitur mit der Möglichkeit zu studieren, mag sich das auch ein wenig verteuert haben.

Was also, privilegierter Abiturient, willst du machen mit deinem Leben? Willst du Völkerkunde treiben und zu den Ufern afrikanischer Seen aufbrechen, um dann festzustellen, dass diese ausgetrocknet sind?

Magst du dich mit den tiefen Problemen der Philosophie befassen, an den Rand des Denkbaren vordringen, dich lustvoll in den Schlund der Logik stürzen? (Ein wenig seltsam werden mit der Zeit?)

Willst du die Sprache der indischen Weisen lernen, am Ganges die Leere des Kosmos erfahren (und die beengten Verhältnisse vor Ort?). Willst du ...

«BWL, Jura, Medizin oder eben Lehramt.»

Betreuungsangebot, das: Im spätkapitalistischen Ringen ist ja jetzt schon praktisch jeder eine Art teilbankrotte Ich-AG, auch die ➢ Schule muss wetteifern mit den anderen Lehranstalten im Nachbarviertel. Daher erfinden wir ein paar zusätzliche Attraktionen wie das B., z. B. in Form eines Schülercafés. Das ist zunächst einmal ein Raum, für den eine Lehrkraft verantwortlich zeichnet. In dem kann man dann sitzen und ➢ Kaffee, eher aber Früchtetee, trinken. Wenn die ➢ Schülervertretung mal wieder ein bisschen schlampig agiert hat, gibt es nichts. Man kann aber immer noch sitzen.

Die verantwortliche Lehrkraft sitzt auch, im Lehrerzimmer. So sitzen dann, im Rahmen dieses Betreuungsangebots, eben alle miteinander ein bisschen herum.

Irgendwann steht man auf, betritt das Schülercafé, fragt: «Alles in Ordnung?» Die, die da sitzen, schauen auf und nicken. Der, der daliegt, rührt sich nicht.

Bildung, die: Den Zweiten Weltkrieg hätte es gar nicht gebraucht, allein dem Begriff «B.» wäre es über kurz oder lang gelungen, unser Land zu zerstören. Nur, weil es ihn gibt, gibt es nämlich nimmer endenden Zank: Wann ist ein Mensch gebildet? Was ist B. überhaupt? Was gehört nicht zur (Allgemein)B.? Was heißt B. im 21. Jahrhundert? Die Antwort ist immer die gleiche: Man weiß es nicht. Man wird sich nie einigen. Hier nun ein Vorschlag für eine Basisbildung, die jeder hier, und sei er geborener Kalmücke, haben sollte:

- Kenntnis der internationalen Prellballregeln,
- leidliche Fähigkeit, auf einer Zugposaune einen Elefanten nachzumachen,
- grobe Kenntnisse über den Verdauungstrakt eines Sumoringers,
- in gefälliger Weise eine Dotterblume malen können,
- Mischen eines Abführmittels mit anschließendem Selbstversuch.

Das klingt sinnlos, vage und absurd? Damit erfüllt die Liste alle notwendigen Bedingungen, um in der Bildungsdebatte eine gewichtige Rolle zu spielen. In den neunziger Jahren war dem Bildungskanon der Hauptschule in Baden-Württemberg beispielsweise das Folgende zugehörig:

- der Yosemite-Nationalpark,
- Reis als wichtigstes Nahrungsmittel Japans,
- Der Überkopfpass im Basketball,
- Pantomime.

Warum, verdammt, Pantomime? Warum müssen Kinder stumm einen Esel spielen können? Wer weiß das? Niemand.

Bildungsplan, der: Der B. (➢ Bildung) diente als Kompendium, das einerseits dem Lehrer mitteilte, was er (➢ irgendwie) erreichen bzw. worauf sein Handeln abzielen sollte. Andererseits gab der B. vor, dies unter Hinzuziehung des ➢ Klassenbuchs auch kontrollierbar machen zu können.

Nun gibt es ihn nicht mehr, und irgendwann gibt es ihn wieder, denn alles, was ein «war» ist, wird wieder «ist» sein. Dies ist der Fluch, der auf der Menschheit lastet, er heißet «Schule».

Realie 1: Kein Lehrer hat den Bildungsplan jemals erfüllt. Mag man sonst – vorsichtig formuliert – gelegentlich vom Pult herab die Wahrheit ein wenig gebeugt haben («Bis nachts um eins habe ich korrigiert, aber ich bin eben noch nicht fertig!»), hier war Offenheit ungefährlich. Selbst der nach Beute gierenden ➢ Schulaufsicht durfte frech ins Gesicht gesagt werden: «Ich bin nicht durchgekommen.» Damit war die Sache ja eigentlich erledigt, denn ein Plan, der nicht erfüllt wird, löst sich sozusagen auf bzw. ist abzüglich seines Plancharakters nur noch bedruckter Zellstoff. Das war aber allen egal.

Raffinierte ältere Kollegen, die den Mitte der neunziger Jahre aufkommenden Computerunterricht partout nicht mehr erlernen wollten, gingen noch einen Schritt weiter und haben im (nun aber wirklich gänzlich zusammengeschusterten) Fach «Wirtschaftslehre/Informatik» ihren ➢ Stoffverteilungsplan geschickt gestaltet: einfach Wirtschaftslehre zerdehnen, bis das Jahr rum ist. Informatik gar nicht lehren. Sagen: «Ich bin nicht durchgekommen.»

Realie 2: Wenn man gar zu toll nichts gemacht hat, gilt es, das ➢ Klassenbuch eben ein wenig zum fiktionalen Text zu transformieren. Wer will schon wissen, was wirklich geschah?

Realie 3: Der B. wurde nicht nur nicht erfüllt, man strafte ihn auch teilweise mit offensiver Verachtung und machte einfach, was man wollte. (➢ Pädagogische Freiheit)

Bildungsstandards, die (Pl.): Der ➢ Bildungsplan ist Geschichte, die Standards sind jetzt der Hit. Und wenn man sie liest, verfällt man doch ins Rätseln: Das soll alles sein? In einer Art Abiturientenprosa wird auf wenigen, wirklich wenigen Seiten zusammengefasst, was ein Kind wann kann – in eben einem solchen überzeitlich-präsentischen und somit nie wahr sein könnenden Indikativ. Beispielsweise kann der Hauptschüler im Lernzeitraum der achten und/oder neunten Klasse, egal wann, egal wie, das Zehn-Finger-Schreibsystem. Wir wissen: Das kann er nicht, wie auch, er hat ja aufgrund des Geldmangels an staatlichen Schulen noch nicht einmal eine Tastatur zum Üben. Aber es steht da und gut.

Alles in allem erreichen die B. dann doch Buchumfang, was in allererster Linie an den äußert schwatzhaften Ein- und Ausleitungstexten liegt. Politiker, verdiente ➢ Pädagogen, alle dürfen mal ran und sagen, dass sie sie gut gemacht haben, die B. Komplettiert wird das forensische Werk von Aufgabenbeispielen, die die ➢ Lehrer wohl nur allzu gerne übernehmen dürften, die aber von einer geradezu strahlenden Blödigkeit sind. (➢ Igel)

Binnendifferenzierung, die: die jeweils angemessene Aufgabe für die Kurzen finden. Zum Beispiel: Für die Schlauen eine Textaufgabe, für die Mittleren eine Aufgabe, für den Esel hinten rechts eine Beschäftigung.

Besser wäre aber für die guten Mittleren eine mittelschwere Aufgabe, für die mittleren Mittleren eine ganz mittlere …

Es ist natürlich kaum zu schaffen, eigentlich gar nicht, und das weiß auch jeder. Vielleicht ist es einfach nur das Wort, das verzaubert: «B.», das erinnert an Binnensee, an irgendwas Innerliches, an versunkenes Dasitzen am See … Ferien … (➢ Schulferien)

Brief, blauer, der: ist nicht mehr blau, heißt aber immer noch so. Abitur heißt ja schließlich auch immer noch «Allgemeine Hochschulreife». Drin steht, im B., dass es nicht so gut aussieht für das Kind (➢ hochbegabt, ➢ Eltern), besser gesagt, es ist fünf vor zwölf. Die Repetition der Klasse droht. Jetzt wird's lebendig in der Familiengruft: Panik, Schuldzuweisungen, Gebrüll treten an die Stelle der vorher herrschenden Katatonik vor der Glotze. Das Kind erhält rabiat organisierten Nachhilfeunterricht, eventuell packt es jetzt die ➢ Versetzung noch. Eventuell nicht.

Was kommt heute im Fernsehen?

BU = Berufsunfähigkeit, die. Sie ereilt den ➢ Lehrer häufiger als andere, und das wirft man ihm vor.

Allerdings darf in aller Neutralität gefragt werden, ob ein so heterogener, ja meist auch untereinander heillos zerstrittener Stand wirklich in der Lage sein kann, sich derartig raffiniert kollektiv abzusprechen und dann auch noch mehrheitlich mit denselben Gebrechen beim Amtsarzt vorstellig zu werden? Und dann auch noch dichtzuhalten!

Wo Lehrer doch bekanntlich wirklich alles weitererzählen.

Bücher, die: Printmedium mit schrumpfender Popularität. Wenden wir uns der Untergruppe «Schulbuch» zu. Wie werden eigentlich Schulbücher gemacht? Welche Spektabilitäten und Nobelpreisträger wachen über deren Makellosigkeit? So:

Telefon: Ring, ring.

Blech: «Hallo? Hier Blech!»

Anruf: «Guten Tag. Gisela Wiese vom Schnittelberg Verlag.»

Blech: «Aha.»

Wiese: «Sie wurden uns von der Kollegin Österle genannt.»

Blech (denkt): «Österle? Welche Österle?»

Wiese: «Wir wollten mit Frau Österle ein neues Lehrwerk für die Hauptschule machen, und nun muss sie ihren Vater pflegen und kann nicht. Wollen Sie?»

Blech (studiert seinen letzten Kontoauszug): «JA!!!»

Die etwas rabiatere Version erlebte der Autor einst beim Billard, als ihm ein teilruinierter und bitter betrunkener Schulbuchautor zwei Kapitel im neuen landesweiten Relibuch andiente:

«Bergpredigt und Jesus, oder such dir halt was aus von dem Scheiß!»

C

CD-Player, der: Um Folgendes klarzustellen: Es war nie gut. Nichts war jemals gut in der Todeszone ➢ Schule. Aber damals, als der Kassettenrekorder leiernd den «Erlkönig» gab und plötzlich mit einem Quietschen verschied, da hatte man noch gewisse Chancen: Man konnte das Band herauspfriemeln, die verknitterten Teile abschneiden, musste nur mäßig geschickt sein, um mit feingestiftelten Tesabandteilen das Werk zu retten. Zwar fehlte dann ein Stück «Erl[*öps*] mir ein Leids getan», aber was macht's, den Schülern war es eh wurscht.

Demgegenüber der CD-Player, jene neuere Form des Musik-, Geschichten-, Hörspiel- und Gedichtabspielgerätes, den wir selbst gekauft haben, weil der Schuletat mittlerweile nicht einmal mehr bunte ➢ Kreide zulässt: Er tut es nicht. Leise, fast beruhigend hören wir das sinnlose Rotieren der CD, bis auch das endet. Wir kaufen eine Scheibe mit haarfeinen Borsten, von der NASA entwickelt, um im All notfalls auch etwas mit haarfeinen Borsten zur Hand zu haben, diese sollen das Laser-Abtastauge blitzeblank wienern, und dann kann der Erlkönig wieder den kranken Knaben – allein, es tut sich weiter nichts.

Die Stunde ist im Eimer, wir bringen den Player zur Deponie und zahlen noch Gebühren.

CDU, die: auch: SPD, ja, jede Partei, die in Sachen Bildung ans Ruder kommt. Es werden einige nicht ganz billige Neuerungen beschlossen, die in der Praxis weitgehend folgenlos bleiben. Zeitgleich wird den Schulen mitgeteilt, dass aufgrund der desolaten

Haushaltslage kein Geld da ist und also das Restliche vor der Wahl Visionierte leider einen Aufschub erlitte. Dieser Aufschub sei natürlich nur ein Aufschub, keine Rücknahme der schönen Versprechungen. Dem ist freilich zunächst einmal schlicht zu glauben: Welchen Grund haben denn ehrenwerte Herrschaften, die die Geschicke des Landes im globalen Wüten lenken, zu schwindeln? Höchstens, wann denn das Aufgeschobene kommt, darüber kann gerätselt werden. Und so rätseln wir, wir haben ja jeden Nachmittag Zeit dazu.

Chablis, der: Diesen Wein gibt's freitags nach der sechsten Stunde, nix wie heim! Blick auf den Kontoauszug, also gut, den Rest Pfälzer von gestern, Blick in den Kühlschrank: Ist der doch schon weg?

Schreiber dieser Zeilen ist vor Jahren ein Kollege aus der Rheinebene begegnet, der ohne falsche Scham schilderte, dass er sein erstes Viertel des Tages nach der Rückkehr von der schulischen Verrichtung immer bei noch offener Haustür im Stehen am Kühlschrank zu sich nehme, «dann geht's». (➢ Alkoholismus)

Chaos, das: Anfang und Ende allen pädagogischen Wirkens. Ein Wimmeln und Flackern von Ideen aus längst widerlegten Theoremen, Neuronengulasch, neurologischem Hirnwurstsalat. Dazwischen die schöne Illusion, es würde gelehrt und gelernt.

Chaot, der: Wenn man einen bösen Buben gerne hat, dann sagt man sich: «Er ist halt ein Chaot.» Ist diese filigrane Diagnose einmal gestellt, können wir, was wir sonst nicht können: vergeben. Kein Heft, kein Stift, ja, gar nichts dabei heute, mein Lieber? Typisch Chaot. Haben ➢ Lehrer also Lieblingsschüler? Ein klares Ja! Sind Lehrer also ungerecht? Nochmals und in vollem Ernst und unter ausdrücklichem Einbezug der eigenen Person: Ja und abermals ja. Es weiß doch jeder, was soll denn das?

Ch. wird noch in einer weiteren Variante benutzt, und zwar zur Selbstveredelung. Die Klassenarbeit, wo ist denn die? Der gelbe Stapel, wo war der noch, die gelben Reste in der Kaminasche, sind die am Ende ... Schulterzucken: «Ich bin halt ein Chaot.»

Charakter, der: Fassen wir es schlicht: Der Lehrmensch hat ihn, das Schulkind «leider» nicht. Und das liegt an den vielen Scheidungen, den ganzen Medien da, weil es eben mal so ist heutzutage.

Chemie, die: im schulischen Kontext ein formellastiges Fach, das erstaunlich unbehelligt gelehrt wird angesichts dessen, dass es neben dem ➢ Sportunterricht schlechterdings das gefährlichste ist. Hörschäden durch Fluorexplosionen, Erblindungen durch spritzende Salzsäure, Rauchvergiftungen, allergische Schocks – alles das darf, ja soll wohl ➢ irgendwie, seinen Platz im Chemieunterricht haben.

Chemielehrer, der: der Lausbub im ➢ Kollegium, ein beneidenswerter Mensch, der seine kindliche Freude an der Eigenproduktion von Schwarzpulver nicht nur überleben, sondern auch zum Broterwerb transformieren konnte. Zusätzlich darf er sich mit einem chirurgisch anmutenden weißen Kittel schmücken und gelegentlich eine Schweißerbrille tragen, die ihn noch geheimnisvoller macht. Daneben aber: Wer spült schon gerne ab, zumal, wenn die Gläser «Reagenzgläser» heißen? Wer mag's, wenn's immer stinkt? Wer brennt sich gern am Bunsenbrenner? Und bitte, wer erklärt gerne Zeug wie Molmasse oder gar diese Hexentafel, das Periodensystem?

Melden!

Wusst ich's doch.

Christentum, das: Weltanschauung, die derzeit gegenüber dem ➢ Islam ziemlich Boden verliert, aber immer noch, speziell im Bereich Primarstufe, vielen Lehrkräften Halt und Auftrag zugleich ist. Dies führt zu kapitalverdummendem Liedgut (s. u.) und weiteren öden ➢ Ritualen.

Besonders brutal schlägt die Weltanschauung zu Halbjahreswechseln zu: Ist der Schulgottesdienst an Weihnachten, kann man ihn ja irgendwie noch einordnen, schließlich feiert man ein ursprünglich christliches Fest (➢ Weihnachtsfeier) – nicht recht zu begreifen ist die Sitte, auch zum Ende des Schuljahres im Hochsommer eine Gebetsveranstaltung zu inszenieren.

Zwar wird in dieser scheinbar auf die Bedürfnisse der Jugend eingegangen: Gitarre statt Orgel, verwaschenes Hemd statt Talar, flotte moderne Lieder statt ehrwürdige Gregorianik oder fester Lutherstanzen – der Grund für die Veranstaltung selbst liegt im Dunklen. Wahrscheinlich sah man sich ehedem aufgerufen, vor sechswöchiger Abwesenheit, mithin Nichterziehbarkeit der jungen Leute, noch einmal und mit metaphysischen Drohungen gespickt vor der Sünde des Onan zu warnen. Oder aber alle empfanden echte Dankbarkeit, dass es mal wieder rum ist, und der einheitliche Wertehimmel erleuchtete nun mal den Weg zur Kirche.

Aber das ist alles vorbei, Erschöpfung statt Dankbarkeit und sechzig Prozent Muslime statt einheitlicher Werte.

Es darf vermutet werden, dass der ➢ Religionslehrer, der um sein unterirdisches Renommee im Kollegium nur allzu genau weiß, einfach einmal alle ärgern will. Zwar ist die Teilnahme vielerorts freiwillig, und das schwächt die dort allenfalls halbvolle Veranstaltung, aber immerhin: Das ➢ Kollegium muss die Schüler informieren, gar anwerben, gerade die Kleinen erflehen die Begleitung des atheistischen Klassenlehrers – so ganz machtlos sind an diesem Punkt die Kollegen Religionslehrer noch immer nicht.

Und dann sitzen wir in einem kalten Kirchenschiff: Ein nie abschwellendes Grundgemurmel der Kindlein, das sich um den religionspädagogischen Impuls «Jetzt wollen wir aber alle einmal ruhig werden!» nicht schert, stimuliert ein leichtes Kopfbrennen, dem, wir wissen es, eine Migräne folgen wird. Drei, vier sozial bindungslose ➢ Schüler, die sich daher in kirchlicher Jugendarbeit versuchen, stehen mit dem Kollegen vorne, der hat eine Gitarre um den Hals.

Zwei echte Beispiele, was dann gesungen wird:

«Du schaffst es, wenn du's wirklich willst, ja, du schaffst es, wenn du's wirklich willst ...» auf die, freilich in hartem, teutonischem Rhythmus intonierte Melodie von: «You can get it, if you really want.»

Oder aber, fast schon ohne Melodie: «Einfach spitze, dass du da bist, einfach spitze, dass du da bist, komm, wir singen Halleluja!»

Dieses «Lied» liegt in gedruckter Form vor. Der «Texter», der wohl gleichzeitig der «Komponist» war, lieferte gar noch eine Variation für Klassen, in denen niemand mehr an den Heiland glaubt: «Komm wir sagen guten Tag!» Wohl besser: Gute Nacht.

Clique, die: Zusammenrottung junger Menschen, Ausdruck wird allmählich altbacken, komischerweise gibt es keinen neuen dafür. Die C. trifft sich, man «labert», raucht, trinkt, oft durchaus alles noch in Maßen. Das klingt und ist langweilig, wir erinnern uns. Dennoch hat die C. eine immense soziale Kraft, die wir zwar nicht begreifen, vor der wir aber als ➢ Eltern rasch zu kapitulieren lernen. Nicht so schlau sind wir, wenn wir beruflich erziehend auf C.n einzuwirken gedenken. Da hoffen wir in wenigen Dreiviertelstunden den begabten Roma, den liebenswerten Osmanen, den pfiffigen Pfälzer aus seiner Autoknackerclique herauszutherapieren. Deprimiert treten wir den Heimweg an, bzw. nicht an, denn das Auto ist weg. (➢ JVA)

Cluster, das: angeblich prachtvolles Verfahren, den matten Geist zu pushen – wir denken also beispielsweise ganz arg über das Thema «Esel» nach und schreiben auf die Mitte eines Blattes «Esel». So, und was fällt uns jetzt als Nächstes ein? Beispielsweise «Eselin». Nun schreiben wir «Eselin» leicht versetzt neben den Esel und verbinden beide mit einem Strich. Bei Eselin fällt uns die Ministerin S. ein, weiter geht's: irgendwo hinschreiben, Strich. So entstehe ein assoziatives Netzwerk um unseren Ausgangsbegriff, hilfsdessen wir einen Bombentext über den Esel verfassen können. Das ist nun mal so, daran glauben wir, denn an irgendetwas muss man schließlich glauben (➢ Schreibprozesse). Ja, aber was nun?

Der eine schreibt groß, die andere winzig klein, beide nutzen ein Din-A4-Blatt. Großschreiber haben das bald voll, miese Zeilenknicker erringen ein doppelt so vernetztes Netz!

Kann man mal wieder nichts machen.

Das C. ist eben fertig, wenn uns der Platz ausgeht. Das gilt erst recht für das sehr beliebte C. als Unterrichtsinhalt. Hier wird die Tafel vollgeclustert, jetzt, in diesem Moment in dreitausend Klassenzimmern der Republik. Die Kinder schreiben keine besseren Texte als früher, auch keine schlechteren, warum also überhaupt das C.?

Lüften wir das Geheimnis, wenn es denn eines ist, man kann es sich ja eigentlich denken: Das C. dauert, geschickt gesteuert, d.h. gebremst, ca. 30 Minuten, dann ist die Tafel voll. Das (endgültig tödlich stupide) Übertragen der chaotischen Schreibgraphik ins quergelegte Heft dauert mindestens zehn Minuten. «Und jetzt dürft ihr etwas früher in die Pause. (Und ich habe die Stunde hinter mir. Null Vorbereitung, null Durchführung, null Nachbereitung. HA!)»

Conversation, the: Ziel mancher Englischlehrer – der einsprachige, quasi naturwüchsige Fremdsprachenunterricht.

Aber sicher doch, Kolleginnen und Kollegen: Klappt bei euch, nur leider immer nur dann, wenn gerade niemand dabei ist (➢ Hospitation). Folgende Geschichte darf nachdenklich stimmen: Steffen hieß er (➢ JVA) und auch nach drei Jahren Fremdsprachenunterricht ist praktisch nichts hängengeblieben, ginge das, könnte man sagen, weniger als nichts.

Eines Tages, eine milde Herbstsonne adelte die Szenerie, traf der Autor Steffen auf dem ➢ Schulhof im eifrigen Gespräch mit Junus, dem Anatolen, die Burschen sprachen türkisch. Auf fassungslose Nachfrage, woraus Steffen denn diese Fähigkeit erwachsen sei, (die Formulierung war etwas einfacher gewählt), antwortete Steffen: «So halt.»

Liebe Brüder und Schwestern, lasst uns nun ein Apfelbäumchen pflanzen.

Crema, die: Pars pro toto sei hier ein Begriff aufgenommen, der an sich mit der Schule gar nichts zu schaffen hat – handelt es sich doch um den neumodischen Schaum, der Kaffee immer mehr wie Dunkelbier aussehen lässt. Aufnahme findet der Terminus deshalb, weil er in Stellvertretung vieler verwandter, Irrelevantes bezeichnender Begriffe ein Beispiel für ein typisches Pausengespräch zweier ➢ Pädagogen liefert. Als Alternativen seien genannt: Tinnitus, Scheidung, Eigenheimzulage (➢ Bausparvertrag), Trinkerei am Wochenende (➢ Alkoholismus) und der ➢ Islam.

CU (trendige Floskel): steht für «see you», eine angelsächsische Wendung, auf Deutsch in etwa «man sieht sich» – die aber selten bedeutet, dass man das wirklich will. Indem man nun den Gleichklang dieser Verabschiedung mit den englischen Namen der Buchstaben «C» und «U» nutzt, ist man schon fast ein Rapper, wird quasi von alleine schwarz, es fehlen nur noch Kopftuch, Kappe und Pferdearschhose. So weit, so altersgemäß – wenn sich junge Menschen schriftlich der Wendung bedienen (➢ Zettel). Aber ein gesetzter Englischlehrer, der so was unter die Englischarbeit schreibt, ist der dann «cool»? (➢ jung geblieben sein)

D

Deutsche Literatur, die: gebündelte Ergüsse unserer Dichter und Denker, die aber einfach nicht richtig ziehen. Die internationalen Evergreens unserer Titanen, je nun, der junge Mensch will sie nicht lesen. Den «Faust», die «Iphigenie», was Dickes von Thomas Mann, ja selbst die «Blechtrommel» des Pfeifenmanns aus den kaschubischen Sümpfen, es läuft nicht rund mit diesen großen Werken.

Wie glückhaft ist die menschliche Natur! Gleichsam im Nebel versinkt, was wir einst alles gar nicht lesen wollten, ja strahlend tritt ein Trugbild an der Wahrheit statt. Die Lüge lautet: Leser waren wir! Wir lasen! Mit heißem Herz und kühlem Kopf! Den Goethe, Schiller, Kleist und Grass und auch den linken Brecht! Ihr Jungen, ihr seid schlecht!

Und dafür werdet ihr jetzt büßen ... (➢ Textnahes Lesen)

Deutschlandkarte, die: graphisches Abbild unseres Heimatlandes. Die D. hängt meist vergessen am Kartenständer und verwandelt sich allmählich in ihre ursprünglichen chemischen Fermente. Gelegentlich aber packt es den Lehrmenschen, und er agiert fächerübergreifend: In einer Geschichte fällt der Ortsname Hamburg. Wo ist Hamburg? Ihr werdet doch wohl wissen, wo Hamburg ist? Einer zeigt auf etwas, es ist aber Berlin.

Dialog, der: mündlicher Austausch zwischen Zweien, der in der ➢ Schule, damit die Sache etwas Pfeffer kriegt, schriftlich gefordert wird: «Schreibe einen D.!» Na, prima. Ansonsten wird der D. vielfach metakommunikativ verbraten: «Ich steh da mit meiner Klasse in einem intensiven D ...», «Wichtig ist ein offener D. mit den Eltern ...» In all diesen beispielhaft skizzierten Zusammenhängen ist der D. schon wieder frei: von Bedeutung.

Diktat, das: durch nichts, gar nichts zu rechtfertigende, aber mit dem ewigen Leben gesegnete Qualform schulischen Arbeitens: Der ➢ Lehrer liest uns was vor, die ➢ Schüler müssen's aufschreiben. An Stupidität und Nutzlosigkeit, beikommendem Sadismus und unverhohlener Brutalität die legale Variante des offiziell verbotenen ➢ Prügelns.

Direktor, der: Chef des Schule. Heißt an Grund-, Haupt-, Real- und Förderschule nur Rektor. An der Universität rasanterweise auch, nur zwischendurch am Gymnasium ist er Direktor. Was das nun wieder soll, weiß keiner. Zu melden hat der D. wenig und ist heute oft eine Frau, der es gesundheitlich gar nicht gutgeht.

Diskussion, die: oft auch: heiße D. Das Gegeneinanderanschreien verschiedener Menschen mit unterschiedlichen Ansichten. Was für den ➢ Dialog gesagt wurde, gilt auch für die D. Anfang der 70er kamen zottelige Männer und ebenso naturbelassene Frauen von den Universitäten und brachten den Kindern das Diskutieren bei.

Jetzt gehen diese – mittlerweile deutlich liberaler eingestellten – Menschen in den Ruhestand, der in der Toskana geplant ist. Und sind froh, dass sie diese ewigen Diskussionen hinter sich haben.

Dorfschule, die: D. heißt zunächst einmal nur, dass eine ➢ Schule in einem Dorf ist. In der D. war die Welt noch in Ordnung, bzw. da, wo es noch eine D. gibt, ist sie es noch. Das fühlen wir doch irgendwie alle und können es nicht begründen. Denn was sollte dort weniger Irrwitziges geschehen als überall sonst? Was hilft's, wenn vier Klassen in ein und demselben Raum am Bildungsinfarkt sterben?

Es ist einfach unsere eigene Blödigkeit, der wir auf den Leim gehen – die Gebäude sind oftmals hübsch, und das reicht uns schon, irgendetwas Gutes hinter den Mauern zu vermuten.

Auf die Einwohnerzahl gerechnet, wird nämlich wohl allenfalls in Bogotá noch mehr gemordet, in Thailand noch mehr genotzuchtet und in Moskau noch mehr geprügelt als in einem idyllisch dahindämmernden deutschen Dörflein. Nein, auch die D. spendet keinen Trost.

Drogen, die (Pl.): verbotene und verhängnisvolle Substanzen, die in der Schule in zwei konträren Formen in Erscheinung treten.

A) Im Unterricht, wo stammelnde Polizisten, zitternde ➢ Lehrer, zynische Mediziner vor ihnen warnen.

B) Auf dem ➢ Schulhof real in mieser Qualität, aber großer Auswahl.

(➢ Ritalin)

Duden, der: Nachschlagewerk, das als Klassensatz angeschafft wird und angesichts neuer und neuester Rechtschreibung schnell veraltet, was aber kaum etwas macht, da schon die letzte Version nicht benutzt wurde, der D. also fürderhin einstaubt – und letztlich vergessen wird.

Ja, Lehrer vergessen den D., natürlich, denn sie vergessen sogar ihr Klassenzimmer, in welchem sie sich aufhalten, täglich fast komplett. So erlebte es Schreiber dieser Zeilen, als der verdiente Konrektor G. sein dekadenlang genutztes Klassenzimmer pensionsbedingt auflöste: In der Ecke, neben dem Waschbecken fand sich ein seit Jahren schmerzlich vermisster Wurfspeer (!), der komischerweise zu keinerlei tödlichen Handlungen eingesetzt worden war und einfach nur da stand.

Durchlässigkeit, die: Begriff, der, obwohl er unschön nach Inkontinenz o. Ä. klingt, dafür stehen soll, dass man keineswegs schon abgehängt ist, wenn man auf die Real-, gar die Hauptschule kommt, gibt es doch von der fünften bis zur siebenten Klasse halbjährlich die Möglichkeit, die Schulart zu wechseln, dass es geradezu eine Pracht ist. Man muss lediglich auf dem Stand der neuen Schule sein, damit man schön mithalten kann.

In Mannheim, dem quasi von Neckar und Rhein umarmten Industriekleinod in Badens Norden, amtete einst ein Hauptschullehrer, der eine, sagen wir es milde, verschlankte Geographie lehrte: «Der eine sagt Äquator, der andere Ecuador, gemeint ist ja das Gleiche.»

Wir ahnen: Dessen Zöglinge haben beim Kopfsprung ins Gymnasium möglicherweise Schwierigkeiten, dem Unterricht von Dr. Baust zu folgen, der zu Hause noch an seiner Promotion über das Elbdelta bastelt.

Nun sind nicht alle Hauptschullehrkräfte schlecht, nicht alle am Gymnasium schlau, also ruhig mal probieren mit der Durchlässigkeit und dann erzählen, wie es war im Gymnasium.

Wenn du dann zu Ostern wieder bei uns auf der Hauptschule bist.

E

EBA, das: auch AG – einmal heißt es «Erweitertes Bildungsangebot», das andere Mal «Arbeitsgemeinschaft» – das mit beidem das Gleiche gemeint ist, lehrt uns auch schon wieder das ein oder andere über unsere liebe ➢ Schule. EBAG kann alles sein, es muss nur am Nachmittag stattfinden und von den ➢ Schülern freiwillig angepackt werden: der Schulgarten, die ➢ Schülerzeitung, wir malen die Betonsäulen an, damit sie hinterher nicht mehr grau und öd sind, sondern bunt und hässlich.

Die Freiwilligkeit freilich ist der Haken. Ab dem dritten Mal kommt keiner mehr. Deshalb gibt es vielerorts die Regel, dass, wer dreimal freiwillig gekommen ist, ab dann kommen muss. Eine gute Idee, zumal dann, wenn man sie nicht gleich verrät.

Aber so schlimm ist das Ganze auch wieder nicht, da Vater Staat die meisten dieser Unternehmungen sowieso gestrichen hat.

EDV-Raum, der: auch: PC-Raum, Computerraum. Das Schmuckstück der ➢ Schule, daher auch in der Regel abgeschlossen. Drinnen ein PC-Netzwerk, das von einem oder mehreren überforderten Kollegen stets aufs Neue gepflegt und von Hunderten, den Raum anonym und planlos nutzenden ➢ Schülern zerstört wird. Irgendwann wird der E. dann mitunter einfach dauerhaft verschlossen (ehrlich!), denn, was nicht benutzt wird, kann nicht kaputtgehen.

Eliteförderung, die: ins Universitäre hineinwucherndes Wunschdenken (➢ Finnen, ➢ hochbegabt): Wir müssen unsere Besten nur kräftig locken und preisen, dann geht's aufwärts. Klappt auch ganz bestimmt. Irgendwann.

Eltern, die: Menschen in wechselseitig parasitärer Lebensform. Ehedem, aber auch nur für kurze Zeit, waren die E. einander in bedingungsloser Erotik («Liebe») ergeben. Eventuell war zusätzlich eine gewisse Kameradschaft vorhanden, die sich in Resten erhalten hat. In erster Linie haben aber die E. ein oder mehrere Kinder zustande gebracht, sonst wären sie keine E., sondern immer noch Fips und Susi, die beiden ohne Partner beim Abschlussball.

Dieses E.sein führt nun zu einer neuen Sinnkonstruktion für die nächsten Jahre: Das Kind selbst muss qua Existenz sinnstiftend sein, denn die Liebe, sofern überhaupt einmal vorhanden, ist doch merklich abgekühlt.

Zunächst erhält das Kind einen blöden Namen: Marvin, Jaqueline-Paris o. ä. Dann erhält es je nach sozialem Verwahrlosungsgrad des E.hauses keine, wenig oder zu viel Aufmerksamkeit.

Vollends daneben gerät die E.schaft bei Schuleintritt des Kindes: Nun wittert man überall, vor allem seitens der ➢ Lehrer, nur immer das Böseste und Schlechteste und legt sich ein unendlich anmutendes Repertoire an Ausreden, Erklärungen und Entschuldigungen für das Kind zu:

- Ich kenne mein Kind, das tut so etwas nicht (wenn es die Brille des Erstklässers zertreten und seine Tat mit dem Handy gefilmt hat).
- Mein Kind ist nun mal etwas verspielt (wenn es die Schule angezündet hat).
- Kevin ist eben sehr kreativ (wenn Kevin das Lehrerauto mit Sprühfarbe verunziert hat).
- Orianna ist da etwas sorglos. DAS HÄTTEN SIE DOCH WIS-

SEN MÜSSEN! (wenn sich Orianna auf der ➢ Schulfahrt schwängern ließ).

Der Lehrer ist aus Sicht der E. an allem schuld. Ja, dem Lehrer kann etwas gelingen, was sozial kaum möglich ist: in einer ➢ Schulklasse alle benachteiligen und trotzdem einige Schüler bevorzugen.

Nicht selten sind E. auch auf Kunstfertigkeiten ihrer Kindlein stolz, die eher dafür sprächen, das kleine Wesen fürderhin im Keller zu verbergen. Was muss man auf Veranstaltungen, wo Kinder etwas vorführen und die E. das verzückte Publikum geben, alles ertragen!

«Purzelbaum schlagen können sie schon, unsere Achtjährigen! Applaus!»

«Grade mal elf und zupft auf der Gitarre die Melodie von «Yesterday» (ohne Akkorde), wie schön!»

«Nein, da hat kein Vogel draufgeschissen, das hat Merlin gemalt!»

In der Pubertät endet das Wahnbündnis zwischen Erzeugnis und Erzeuger dann abrupt: Das Kind hasst die E. infolge eines evolutionären Programms, die E. hassen aus Erbitterung zurück. Schulisch freilich ändert sich nichts. Noch immer sind die Lehrer schuld, schuld und nochmals schuld.

Dann das Abitur. Es hat irgendwie doch geklappt. Das Kind ist kein Kind mehr und zieht weg. Wir sind plötzlich nicht mehr so recht E. Wir schauen in den Spiegel und sehen den Sensenmann. Nicht selten trennen sich E. spätestens jetzt. Die Männer kaufen sich junge Bräute aus Fernost, die Frauen gehen ebendort hin, um ihre Mitte zu suchen. Die Männer kaufen sich Cabrios und kriegen auf der ersten Fahrt schon eine Mittelohrentzündung.

Die Frauen beginnen zu malen. Die Männer gehen in den Puff.

Die Frauen laufen barfuß durch Feuer. Am Ende landen alle, die es so lange gemacht haben, im Pflegeheim.

Elternabend, der: modern: Klassenpflegschaft. Zweimal im Jahr angesetztes Begängnis, das die Kommunikation (noch so ein Wortgeräusch) zwischen ➢ Schule und ➢ Eltern sicherstellen soll.

Am E. sind alle Regeln bürgerlichen Anstands außer Kraft. Die Eltern haben irgendeinen Coup vorbereitet! Beliebt ist beispielsweise, dem Lehrer im Vorfeld unter zwei Namen zwei identische ➢ Klassenarbeiten in den Stapel zu schmuggeln, um ihm dann nachzuweisen, dass seine Beurteilungen keineswegs objektiv seien. (Als ob man das großartig nachweisen müsste.)

Der erfahrene Pädagoge lässt sich aber nicht so leicht austricksen und greift zu einer naheliegenden List: Er korrigiert die Arbeit gar nicht bis zum E., schreibt vielmehr am Tag des E. einen Test. Diesen komponiert er so, dass sich eigentlich nur schlechte Noten ergeben.

Geradezu meisterlich war die Volte, die Kollege P. in Blechens Klasse einst wählte. Nicht etwa, dass er den Eltern dumpf damit drohte, es käme nun bald ein miserables Ergebnis ins Haus (das lässt viele schon traumatisiert verstummen – wir waren ja alle mal Schüler und werden es nicht los ...), nein, noch viel besser: Er teilte die ärmlichen geometrischen Ergebnisse den Eltern an der Kinder statt aus. Ließ es sich dabei nicht nehmen, darauf hinzuweisen, es habe sich um die Berechnung eines Pyramidenstumpfs gehandelt (➢ Mathematikunterricht), was ja, wie sie alle wüssten, kein Problem sei.

Den ursprünglich zum Äußersten entschlossenen Kindseltern stand die Angst ins Gesicht geschrieben. Würde er sie aufrufen?

An die Tafel zwingen? Noch lächerlicher machen? Denn natürlich wäre am Stumpf der Pyramide jeder im Raum gescheitert (sogar Kollege P. selbst, wie er später beim Siegesbier einräumte).

Es kam dann auch nur noch eine halbherzige Attacke: Warum er immer sage, die Kinder seien «blöd».

P. wörtlich: «Das weise ich zurück. Ich habe NOCH NIE einen Schüler ‹blöd› genannt.» Gelogen. Na und?

Entschuldigung, die: von ➢ Eltern, ab der 12. Klasse vom ➢ Schüler selbst formuliertes Schreiben mit phantasievollen Erklärungen für das Fernbleiben vom Unterricht. Die zwei besten der dahingegangen Jahre:

«Samantha kann morgen nicht in den Unterricht kommen, weil sie Marc Owen (ein Ex-Boybandmitglied, T. B.) vom Flughafen abholen muss.»

Und: «Cosima konnte gestern nicht in die Schule kommen, weil unsere Wohnung wegen den Ratten ausgegast wird.»

Der erste Fall ist klar und nachvollziehbar, im zweiten Falle fragt man sich, warum man bei einer Masseneinschläferung von Ratten nicht zeitgleich, vor allem woanders, ein wenig den Genitiv studieren kann. Aber man forscht nicht weiter nach, es gibt ohnehin genug Krach.

Erörterung, die: Neben allem zum ➢ Aufsatz Gesagten verdient die E. einen Sonderplatz, denn das Pro/Contra-Pingpong, das ➢ Schülern im Rahmen ihrer Abfassung auferlegt ist, bringt im schlimmsten Fall eine Hirnerweichung mit sich. Wenn wir wirklich jede Entscheidung von Rang in unserem Leben durch penible Auflistung allen Für und Widers träfen, wir würden schlicht wahnsinnig. Natürlich tut dies glücklicherweise wohl niemand, auch nicht, wenn er oder sie eine E. schreibt.

Es erzähle doch bitte, bitte keiner, dass er seinen Standpunkt zu einer, auch nur einer einzigen der schulischen Fragestellungen erst nach seiner Gliederung, gar erst zum Ende des Textes eingenommen hätte.

Wir alle wussten immer schon vorher, ob wir für oder gegen Atomkraft, McDonald's, gratis Straßenbahn, Sex mit Tieren sind. Wir haben bei der E. einfach nur die Form erfüllt, unsere Kraft gelassen und sind heimgegangen.

Ethik, die: grundsätzlich das vage menschliche Vermögen, zwischen Gut und Schlecht zu unterscheiden. In der ➢ Schule aber nicht. Da ist E. ein Fach und was für eines! Besucht wird es von ➢ Schülern, die nicht zum Religionsunterricht gehen.

Macht doch nichts? Freies Land? Schon, schon, man stelle sich nur bitte diese Gruppen vor: Moslems aus vielen Ländern, Atheisten aus dem Osten, Zeugen Jehovas, Mormonen, Mennoniten und was es da noch alles gibt sowie indifferentes Volk, dessen ➢ Eltern die Kirchensteuer sparen.

Hier ist einmal mehr der Zusammenbruch quasi im Bauplan des geistigen Konstrukts vorgesehen.

Ein geschickter ➢ Schulleiter, der den Ethiklehrer ein wenig quälen will, bzw. ihn einfach hasst, legt dann E. in der Klasse 8 freitags in die sechste Stunde. Da geht ohnehin nichts. Zweitens aber kennen sich diese Achtklässler, frisch zusammengewürfelt, kaum. Die daher anfallenden gruppendynamischen Prozesse genügen vollkommen, um erneut nichts zu ermöglichen. Mathematisch mag 2 mal 0 nur einfach weiter 0 sein, pädagogisch ist doppelte Nichtigkeit sehr wohl spürbar (➢ Zyste).

Schließlich endet es in einer Art schwermütigem Kompromiss. Da ➢ Diskussionen zu den Themen Weltreligionen, Leben, Tod, Behinderung, allem Möglichen halt (➢ Philosophieren mit Kindern) im Chaos der Gruppe unmöglich sind, werden Arbeitsblätter ausgeteilt und «bearbeitet». Ritscheratsche.

Evaluation, die: kein reines Pädagogikelend, aber doch in niederschmetternder Unzahl ebendort anzutreffen. Wir evaluieren die Kinder, uns, dann wieder die Kinder und dann nochmal uns. Und sind dann doch wieder schlechter als die ➢ Finnen.

F

fächerübergreifend (Adj.) und fächerverbindend (Adj.): f. und f. soll er sein, unser ➢ Unterricht, dann kann nichts mehr schiefgehen. Thema: Titanic! In Physik machen wir das Schiff, in ➢ Chemie den Eisberg, in ➢ Ethik den Tod, in Technik ein Modell, in Mathe berechnen wir die Sinkgeschwindigkeit, und in Deutsch schauen wir den ➢ Film.

Fachkonferenz, die: Alle – beispielsweise – Physiklehrer des Hauses müssen sich treffen und besprechen, wie es denn mit dem Physikunterricht weitergehen soll. Welche Bücher werden gekauft? Der Vorschlag des Kollegen Schmitt, der bei einem großen Schulbuchverlag unbekannterweise Prozente kassiert, wird einstimmig angenommen; den Kollegen Bühl, der mal wieder nicht gekommen ist, werten wir als Enthaltung, das hat er davon, der faule Strick.

Sonst noch was?

Nö.

Federmappe, die: auch einfach «Mäppchen», ein früher aus Leder, heute aus grellem Kunststoff verfertigtes Etui, das gerade für den Primarschüler mit einer schlechterdings überfordernden Vielzahl von Fächlein, Stift-Einsteck-Gummis, Geodreieck-Halterungen und alles dieses zusätzlich fixierenden Druckknopfapplikationen ausgestattet ist. Den letzten Abschluss dieses Ordnungsmoduls bildet ein Reißverschluss. Und der führt das F. seiner eigentlichen Funktion zu.

Das F. ersetzt nämlich die Uhr, die der ➢ Lehrer zugunsten des Elsasswochenendes mit Tennisvereinsvize aufs Pfandhaus gebracht hat.

Jeder im lehrenden Sektor, der leidlich hört (➢ Musikunterricht, Musiklehrer) kennt das Geräusch. Das «Supp-zipp», das signalisiert, dass sich das zu beschulende Volk nun, fünf Minuten vor Stundenende entschieden hat, nicht einmal mehr so zu tun, als täte es etwas, und also das im Übrigen im Frühherbst stets schon so gut wie leere F. schließt.

Wir schimpfen pro forma, aber wir hören es gerne.

Fehlerquotient, der: eine Formel, die die Anzahl der Fehler und deren notentechnische Gewichtung innerhalb der geschriebenen Arbeit misst. Sollte nicht so hoch sein. Wird vom Lehrmenschen in der Regel nach eigenem Belieben aufgestellt und enthebt ihn dann der letzten Verantwortung: Er würde ja gerne menschlich zensieren – allein: Der Quotient lässt ihn nicht. «Sorry.»

Film, der: Rettungsanker des eigentlich schon arbeitsunfähig geschundenen Lehrmenschen. Wird gezeigt, Zeit geht rum. Gott sei Dank. Der Letzte macht das Licht aus. (➢ Videoraum)

Finnen, die: ehedem ein weitgehend mit der Eigenvernichtung befasstes Volk am Polarkreis – entweder der klassische F. hat sich sofort umgebracht oder ist die Sache mit Schwitzbädern und Schnaps langfristiger angegangen. Auch die Nationalneigung zum Skispringen und zu winterlichen Ausdauerleistungen im zweistelligen Minusgradbereich wollen so gesehen werden. Plötzlich, d.h. nach der ➢ PISA-Studie, sind die F. allesamt Intelligenzbestien, haben ein selbstgemachtes Handy und immer recht.

Förderverein, der: zum Sinne der Schulförderung gegründeter Verein.

Von wegen! Meist ins Leben gerufen von der mediokersten Figur im Klassenverband – nennen wir ihn, Rosseaus erfundenem Urzögling Émile zu Ehren, Erwin. Erwin hatte überall Dreien, Erwin hatte gemusterte Feinrippunterhemden, und Erwin hatte keinen Schlag bei Frauen. Er hat an einer Fachhochschule studiert und ist dann in die Heimatstadt heimgekehrt, besser noch: Er ist als Student gependelt und hat den ausgebauten Dachstuhl im Elternhaus bewohnt.

Als Vorsitzender des F.s seiner ehemaligen ➢ Schule organisiert er Würstchenbraten, Ausflüge in stillgelegte Bergwerke, verwaltet vor allem Vereinsvermögen, wenn er schon kein eigenes hat. Erwin ziert sich gewaltig, auch nur einen Stuhl für die Schule zu spendieren, denn dadurch wird er etwas, was er nie war: wichtig.

Was Erwin leider verdrängt: F. gibt es nur, weil Schulen keine finanziellen Einnahmen haben dürfen, aus keinem anderen Grund – dürfte das ➢ Kollegium den Schotter behalten, Erwin hätte sofort und todsicher Hausverbot, den Förderverein gäbe es nicht mehr.

Nun, warum dürfen Schulen eigentlich kein Geld einnehmen? Wohl, weil man ihnen nicht im Mindesten zutraut, dieses seriös zu verwalten. Nicht einmal das.

Fotokopie, die: (➢ Matrize) Weil man nicht für alles Bücher kaufen kann und die Schüler dennoch an den neuesten Erkenntnissen teilhaben lassen will, fertigen wir eine F. an. Wir kopieren alles wie wild und teilen es aus. Nach der Stunde fegen wir die Blätter wieder zusammen.

Französisch, das: Nachbarsprache und Unterrichtsfach, das nur selten die erwünschten Ergebnisse zeigt.

Freinet, Celestine: kriegsverletzter Franzose, einer der großen Reformpädagogen, der als vielleicht erster Kollege gänzlich konsequent die Kurzen hat schaffen lassen und sich selbst in nobler Zurückhaltung zu üben verstand. Hat – mit seiner Zeit durchaus konform – Schüler Texte an wuchtigen Pressen drucken lassen.

Freinetpädagogen, bzw. «Frenies», die (Pl.): sich selbst in schamloser Manier so bezeichnende sektenähnliche Gruppierung, die ➢ Freinet hündisch verehrt. Selbstgestricktes Volk, das nach wie vor an klobigen Pressen drucken lässt und auf Hütten gerne einmal gemeinsam den Jahreswechsel begeht. Dort finden unaussprechliche Dinge statt.

Freistunde, die: Zeit ohne Unterricht. Verdankt sich oftmals ohnmächtig konzipiertem ➢ Stundenplan und erkranktem Lehrpersonal. Bedeutet für den ➢ Schüler: sengen, brennen, haschen, hauen, klauen, saufen, sich Sex vorstellen. Für den ➢ Lehrer: dito.

Friedenserziehung, die: Versuch, Krieg als schlecht, Frieden als gut zu propagieren. Wird wohl außer in Nordkorea fast überall immer mal wieder probiert, aber klappt nicht so recht. Menschen haben einfach – ungeachtet privater Friedlichkeit – eine gewisse Neigung zum Destruktiven. Und dennoch! Wir stemmen uns dagegen! Wir lesen das Tagebuch der Anne Frank bzw. schauen den ➢ Film, ach so, ausgeliehen, dann eben Sophie Scholl. Auch weg? Dann eben Sacco und Vanzetti.

Auf jeden Fall reden wir darüber, und in Gruppen wird ein Plakat angefertigt. Das hat so toll geklappt, dass sich die ➣ Schüler nun noch einen Film selbst aussuchen dürfen. Sie wählen «Stirb langsam II».

Fuchs, alter, der: Kollege, der es tatsächlich mit leidlicher Gesundheit und mit einer gewissen ➣ Autorität bis zum (dennoch) bitteren Ende schafft.

Wie macht der das, der alte F.? Die folgende Antwort gilt natürlich nicht für jeden vergleichbaren Fall. Aber doch für sehr viele. Sehr, sehr, sehr, sehr viele: Es handelt sich nicht so sehr um einen raffinierten ➣ Pädagogen, sondern um einen außerordentlich zur Brutalität und Härte neigenden Adamssohn. Eher Wolf als Fuchs, entkernt er jede Klasse bereits in der ersten Stunde durch eine Unzahl an Sechsen, Strafen, glaubhaftes Herumschreien und zielsicheres Werfen des schweren Schlüsselbundes. Und ganz wichtig: Er ist seit dreißig Jahren an derselben Schule, und schon die Eltern der heutigen Zöglinge verdanken ihm ein gemustertes Trommelfell, lehren sie so im Vorfeld das Fürchten, vor dem alten F.

G

Gemeinschaftskunde, die: heißt bisweilen auch mal Politik oder Sozialkunde, ist aber immer derselbe Rotz. Folie «Der Aufbau des politischen Systems der Bundesrepublik Deutschland»: Volk, Landtag, Bundestag.

Nach einer zweifellos quälenden Unterrichtseinheit zu diesem Thema erging einst die raffinierte Lehrerfrage, woher denn, nach allem, was wir gelernt haben, nun also die Politik das Geld erhalte, um uns z.B. Autobahnen zu bauen, Krankenhäuser, Kläranlagen, Gefängnisse, Schulen. Die (ernstgemeinte) Schülerantwort: «Vom Sozialamt!»

G. funktioniert noch weniger als Altgriechisch (➢ Griechisch), und das will etwas heißen, denn immerhin geht es bei G. ja um das spätere Leben der Schülerinnen und Schüler. Sogar was eine Familie ist, lernt man da und das Verbot der Kinderarbeit. Und welche ➢ Drogen man nehmen soll! Das sind doch spannende Themen! Was ist los?

Es ist halt Schule. Das Buch stinkt, das Heft ist weg, der Lehrer hat G. nur, wirklich nur deshalb studiert, weil er auf ein einfaches Nebenfach gehofft hat, und diese Hoffnung trog endlich einmal nicht.

Gender (o. Art.): wohl aus dem amerikanischen Raum zu uns geschwapptes Verwirrspiel. In etwa zu übersetzen als «soziales Geschlecht» (aber nur in etwa!). Unter genderspezifischer Perspektive lässt sich beispielsweise durch mehrjähriges Forschen schlüssig nachweisen, dass Buben anders lesen und darüber sprechen als Mädchen, dass aber unter den Buben welche sind, die mädchenhaft lesen und darüber sprechen. Wenn man also Mädchen von Buben trennt, trifft es diese, wenn man's nicht tut, trifft es jene. Und man kann also gar nichts machen, das aber beweisen.

Geographie, die: Stadt, Land, Fluss

Geographielehrer, der: missgelaunter Spielleiter von Stadt, Land, Fluss

Geräteturnen, das: wohl zur Wehrertüchtigung ersonnene körperliche Zucht und ➢ Qual, bis heute wesentlicher Bestandteil des ➢ Sportunterrichts (➢ Unterricht). Nicht böse sein, liebe Sportlehrer, natürlich heißt es «Gerätturnen» – sagt aber halt keiner.

Bis heute ist G. obligatorisch mit geradezu magischen Attributen ausgestattet: So bessere das G. die «räumliche Koordination», meint: Ein ➢ Schüler, der große Teile der zukünftigen sexuellen Möglichkeiten am Holm eines Barren zerquetscht hat, fällt im Alltag nicht um bzw. kann sich notfalls auf einer schmalen Latte balancierend aus dem brennenden Elternhaus retten. Oder: Zwar führt das G. zugegebenerweise im Übermaß zu Verkrüppelung bzw. am Nacken beginnender Querschnittlähmung, im rechten Maße betrieben (dieses rechte Maß erfindet der Sportlehrer freilich ganz nach Tagesform und allgemeiner seelischer Verrohung stets aufs Neue), stähle und verschönere es den muffigen Körper des heranwachsenden Menschen. Ehrlich?

Gesamt(lehrer)konferenz, die: alle ➢ Lehrer da? Blabla, haha! Aja! Nanana? (➢ Direktor) Ja. Ballaballa.

Gesamtschule, die: mittlerweile kaum noch vorhanden und wenn, dann eigentlich Gymi, Real- und Hauptschule, ggf. auch noch Grundschule in einem zeppelinhangargroßen Betonklotz (➢ Schulgebäude, ➢ Durchlässigkeit, ➢ Alkoholismus, ➢ Wut, ➢ Angst, ➢ Zyste) untergebracht.

Gesprächsregeln, die: hängen als selbstangefertigtes und daher nicht sehr schönes Poster im Klassenraum an der Wand:

1. Wir hören einander zu.
2. Wir lassen uns ausreden.
3. Wenn ein Junge gesprochen hat, soll er ein Mädchen aufrufen, wenn ein Mädchen gesprochen hat, soll es einen Jungen drannehmen.
4. Wir benutzen keine schmutzigen Wörter … usw. usf.

Ehrlicherweise könnten die selbstverständlich im Einvernehmen mit den Kindern selbst erarbeiteten und dennoch bundesweit erstaunlich, ja fatal ähnlich klingenden G. um einen letzten Punkt ergänzt werden:

5. Und wenn der Schulrat kommt, dann halten wir uns auch wirklich mal an die Gesprächsregeln.

Gesundheitserziehung, die: Das in verschiedene Fächer (Bio, Gemeinschaftskunde, aber auch Deutsch, Ethik, Religion, Sport …) seltsam konspirativ aufgespaltene Fach G. hat den Anspruch, den jungen Menschen zu körperlicher und geistiger Stabilität zu verhelfen – wohlgemerkt innerhalb der Institution ➢ Schule, die von alleine für das genaue Gegenteil sorgt.

Mit denselben Erfolgsaussichten könnte man einmal ein ➢ EBA «Wir bauen ein funktionstüchtiges Raumschiff» ins Leben rufen, es bestünde zumindest die Chance auf eine den Laden entropierende Explosion.

Die Nahrungstipps, die ➢ Schüler erhalten, werden nicht befolgt.

Die kiloschweren Raucherlungen, die wir triumphierend in die Höhe halten, werden bestenfalls geklaut.

Der Appell, auch privat ein wenig Gymnastik zu treiben, beispielsweise in der Pause zwischen zwei Stunden intensiven Lernens, verhallt, da ja gar nicht gelernt wird und auch das Wort «Gymnastik» semantisch doch fatal näher an «Schlaganfall-Reha», denn an «Jugend» anlappt.

Schließlich der Rat, statt Alkohol, Früchtetees, dünne Saftschorlen und zu besonderen Anlässen (bspw. dem ersten Freigang des Vaters) eine promillefreie Bowle auf Kiwibasis aus dem netten AOK-Heft anzusetzen, wird natürlich ignoriert.

Es mag ja etwas unscharf sein, das Foto aus dem ➢ Landschulheim, nachts durchs Fenster des «Leitungszimmers» geschossen, aber man erkennt den Lehrer, sieht, wie er den Burgunder neben das Glas schüttet und so seltsam auf die Kollegin linst, die im Sessel gegenüber eingeschlafen ist.

Oft wandert das Foto noch während unserer zynischen Predigten durch die Reihen, hat gerade die Runde hinter sich, wenn wir aus dem Faltblatt der Arbeiterwohlfahrt hysterisch zitieren: «Sucht kommt von Suchen!»

Was bleibt der G.? Eigentlich nur die Aids-Prävention, und die muss man sich mit der ➢ Sexualkunde teilen.

«Bringt morgen eine Gurke und ein Kondom mit! Ja, Jasmin?»

«Was ist eine Gurke?»

GEW, die: «Gewerkschaft Erziehung und Wissenschaft», so heißt sie richtig. Nun hat die Gewerkschaft im Allgemeinen die Funktion, den Arbeitgeber durch Streiks so zu ärgern, zu zermürben und, wo angebracht, zu ruinieren, dass er nach- und Geld gibt. Hier hat es die GEW dann doch ein bisschen schwerer, weil die große Zahl der in ihr befindlichen Lehrer dank Beamtenrecht (➢ Verbeamtung) nicht streiken darf. (Ja, es gibt wirklich Dinge, die ein Lehrer nicht darf!) Was kann die GEW also tun, die Ärmste?

Je nun ...

Gewaltprävention, die: ➢ Antiaggressionstraining

Griechisch, das: Hier ist das Schulfach gemeint, dass exakterweise Altgriechisch heißen müsste. Aber was ist schon exakt? Auf jeden Fall: G. ist ein Fach, das es nicht bräuchte, und wenn mir die Altphilologen (➢ Altphilologenverband) die Reifen durchbeißen. Um zu lernen, wie eine Sprache funktioniert, um das uralte Argument, das noch immer für den ➢ Lateinunterricht herhält, gleich zu nennen, brauchen wir G. nicht. Eben, weil jede(r) Lernende vorher ja schon Latein hatte. Wir brauchen es auch nicht, wie manche wohl bis heute noch glauben, um das philosophische Denken zu schulen, es gibt keinen solchen Qualitätsunterschied zwischen Sprachen, und das kann man ausnahmsweise sogar beweisen. (Außerdem: So viele werden dann auch wieder nicht hauptberufliche Philosophen.) Ja, wir brauchen es nicht einmal, um in Athen ein Bier zu bestellen, denn das aktuelle Griechisch ist nun mal was ganz anderes.

Wir brauchen das Fach nicht! Schluss, aus, fertig! Angesichts dieser Tatsache ist sein Aussterben zwar wohl sicher, geht aber doch überraschend langsam vonstatten.

große Pause, die (➢ Pausenaufsicht, ➢ Regenpause, ➢ Angst, ➢ Wut, ➢ Qual): Die g. P. findet in der Regel nach der zweiten oder dritten und/oder der vierten Stunde statt (also irgendwann) und bedeutet: dreißig Minuten Krieg inklusive Nachkriegszeit mit ihren Charakteristika: vermehrte Hehlerei, Erpressung, Prostitution.

Erstaunlich, ja unfassbar ist, dass das Klingelzeichen tatsächlich dazu führt, dass die ➣ Schüler voneinander ablassen und fast willig in das ➣ Schulgebäude zurückkehren. Gebrochene mithin schon sie.

Grundsätze, pädagogische, die: wenig hauen, gelegentlich zuhören, pünktlich nach Hause.

Grundschulgutachten, das: vom Lehrer getroffene Entscheidung, wo's langgeht nach den ersten vier Schuljahren. Wird folgendermaßen erstellt: «Nun wollen wir also mal rasch entscheiden, wie weit du es im Leben bringen wirst, liebster Abdullah, schließlich bist du ja schon neun. Oje! 2,5 in Deutsch und Mathe, hinab in die Hauptschule, du Bengel! Lars Henning? Zweimal 2,4! Gymnasium! Ich wusst es doch! Ach, grüße deine Eltern doch herzlich von mir, wir sehen uns in der Oper!»

Grundschullehrerin, die: nun landesweit bald doch schon zu viel Gescholtene – schließlich macht sie den Job, und irgendeiner muss ihn ja machen.

Eine gewisse professionelle Deformation kann freilich drohen: Der junge Kandidat Blech hatte es auch einmal zur Pflicht, eine Zeit in der Grundschule zu wirken. An ebendieser zum ersten Mal eingetroffen, fragte er eine offensichtlich ebenfalls noch junge Kollegin, wo es denn zum Rektorat gehe, wo sich Blech vorstellen sollte. Die freundliche Kollegin bot sogar an, Blech zu begleiten, und wechselte auf dem Weg durch die Flure so manches freundliche, vor allem auf seelische Gesundheit Rückschluss erlaubende Wort mit ihm. Im Rektorat passierte dann jenes:

«Das ist der Herr Blech, und der ist sooooooooooo traurig, dass er das Rektorat nicht gefunden hat.»

Nachfrage ergab: Ein Jahr Schuldienst und es kann so weit sein.

Schwestern, gebt acht!

Gymnasiallehrer, der: Beamter, der in der höchsten Schulform dient. Mehr als nur eine Schneise des Hasses trennt ihn von den anderen ➢ Lehrern. Der G. hasst die Kollegen aus Grund-, Haupt- und Realschule dafür, dass sie am Wochenende nicht in Hunderten von Seiten gammeliger Oberstufenprosa den Rotstift tanzen lassen müssen, und er hasst sie für ihre niederen akademischen Weihen, denen er das miserable Bild des ganzen Standes anlastet.

Der Nicht-G. hasst zurück, denn schließlich muss er mehr Stunden geben und erhält weniger Geld. Dieses Gewirr aus Bevorzugung und Benachteiligung ist politisch in höchstem Maße erwünscht, führt sie doch dazu, dass niemals mit einer Lehrerstimme gesprochen wird, niemals zeitgleich und millionenfach der schlichte Satz «Es geht nicht mehr» gebrüllt wird.

Das ist ja im Grunde jedem bekannt, warum nun ein eigenes Stichwort für den G., warum keines für den Sonderpädagogen, z. B.? Weil so mancher G. nach dem dritten Schoppen wirklich noch glaubt, er gelte etwas! Weil es ihn noch gibt, den stolzen Satz: «Ich bin Gymnasiallehrer!» Quasi so eine Art Professor, ein Gelehrter! Und das macht Angst. Wer so gar nichts merkt von seinem eigenen Leben, taugt der noch für das Wohl des Kindes?

Gymnasium, das: sozusagen die Formel 1 der Schulbildung. Die beste Schule der Welt. Nur die Klügsten arbeiten und lernen dort miteinander. Und das sieht man daran, dass … äh … also … dass, dass …

H

haltlos (Adj.): ist sie, die Jugend. Keine Selbstkontrolle, «die Werte sind weg» (Th. Haffner), es wird keinerlei Maß mehr gehalten.

In den letzten zugerauchten Wirtsstuben, die es noch gibt, bei Apfelwein und harten Schnäpsen paraphrasieren wir diese Grundaussage so manche Stunde.

So hat ein amtsbekannter Trinker (➢ Kollegium) bei einem solchen Lehrertreffen gleich auch die jungen Kollegen mit verdammt, die es wagten (es war 13 Uhr), neben den skizzierten Herrlichkeiten auch noch feste Nahrung zu sich zu nehmen. «Heute weiß keiner mehr, was Verzicht ist!» Bei ihm werde es manchmal Abend, bis er an den Kühlschrank gehe. Bier stellte er infolge seines ruinierten Magens auch gar nicht mehr kalt.

Handlungsspielraum, pädagogischer, der: ein schöner Begriff, der dem ➢ Pädagogen erlaubt, einfach mal zu machen, was er will.

Sie haben den ➢ Eltern beim ➢ Elternabend versprochen, dass Sie drei zusätzliche Deutscharbeiten schreiben – einfach, um sich aus dem Würgegriff zu winden, in den Sie dort angesichts der desaströsen ersten beiden ➢ Klausuren genommen wurden? Und nun beginnen morgen die Sommerferien, ja, die Hälfte ist schon gepackt, das Marihuana bereits liebevoll in die leere Pillenschachtel gepresst, und da steht er, Dr. jur. Knappschildt, dessen brunzdumme Eva-Maria die Elfte jetzt wiederholen darf, und fragt nach den drei Klausuren?

Jetzt hauen Sie ihn ihm um die Ohren, Ihren pädagogischen H. Weisen Sie ihm die Tür.

Handy, das: Mobiltelefon, welches uns Lehrersleuten das letzte bisschen Macht im Alltag nimmt. Früher war es möglich, die Klasse beispielsweise einzuschließen und dann in einem zähen Kampf die kleinen Seelen zu zerbrechen, auf dass sie der eigenen ähnlich würden, ohne dabei Störungen befürchten zu müssen. Vorbei. Heute: Ulrike zückt ihr H., der Vater, da er gerade nicht in Lohn und Brot steht, hat Zeit, kommt vorbei, ist bei den Hells Angels, öffnet die verschlossene Tür.

Selbst das Schullandheim, als ehedem einigermaßen rechtsfreier Raum also auch in ein Internierungslager umformbar (wie war das schön!), hat viel verloren.

Kaum hat der Lehrer die Guisseppa mal so richtig zur Sau gemacht, ist ein wenig Schmerz über Lügen, Listen und Intrigen gegen seine Person losgeworden – da steht Giuseppa mit gezücktem H. vor ihm und sagt: «Meine Mutter will Sie sprechen. Und mein Vater. Und dann alle meine Brüder.»

Hass, der: (➢ Wut, ➢ Angst) Wenn es stimmt, dass Hass gewendete Liebe ist, dann ist viel Hoffnung angebracht, dann muss es sich nur irgendwie zurückwenden, das ganze schulische Zeug.

Hausaufgaben, die (Pl.): selbsterklärend; werden zu Hause gemacht, offiziell. Häufig aber auch vor der Schule dem Klassenstreber (➢ Streber) unter Androhung von Gewalt abgepresst und dann auf der ➢ Toilette abgeschrieben. Natürlich ist die Chance, ohne H. klarzukommen, langfristig gesehen schlecht (➢ Versetzung), die akute, faule Verweigerung wird in aller Regel aber nicht entdeckt. Wie auch. Die Klassen werden größer, die Kraft lässt nach. Nur einmal ist dem Schreiber dieser Zeilen ein verdienter Lehrersmann untergekommen, der da öffentlich schwor: «Ich korrigiere alle Hausaufgaben!» «Ich wiederhole: alle Hausaufgaben», hat er sogar gesagt.

Und hielt insofern auch Wort, indem er praktisch keine mehr aufgegeben hat.

Hausmeister, der: handwerklich oftmals unbegabter, meist unwilliger, häufig tatenloser Mensch am rechten Parteienspektrum. Trägt Blaumann und nichts darunter. Verkauft Fleischkäsebrötchen aus 100 Prozent Rattentalg sowie Bananenmilch und graue Schokolade.

Hausunterricht, der: H. wird länger erkrankten Kindern erteilt, und dagegen ist nichts zu sagen. Auch im öffentlichen Raum gibt es den H. Kinder im Krankenhaus erhalten ihn von Kollegen einer Schule für Kranke, sogar Kinder, die infolge recht umfänglicher Psychotisierung in Anstalten sind, erhalten ihn. Auch das ist gut. Vielleicht das Einzige, was wir ganz fromm fragen: Angesichts der doch im Vergleich zum schulischen Elend geradezu herausragenden Betreuungssituation: Ein ➢ Lehrer für eventuell wirklich nur ein Kind, individuelle Zugänge und Zeiten, intensiver Austausch, alles das, was der gemeine Lehrer ursprünglich einmal zumindest vorhatte und was er aufgeben musste, auch nur zu versuchen – alles das ist beim H. doch gegeben! Warum können die Knäblein und Mädelchen, die H. erhielten, dann nicht ungefähr das Achtfache dessen, was der müde Lehrmensch für die Dauer ihrer Abwesenheit in der Klasse versucht hat?

Denn wenn sie wieder da sind, gesund, putzmunter, mit heilem Bein und sich auch nicht mehr für die Verlobte von Robbie

Williams halten, dann tauchen sie wieder ein ins Jauchefass ➢ Schulklasse, die Knaben und die Mädchen – und sind kein Jota schlauer geworden.

Was also geschieht im H.?

Heißer Stuhl, der: In der psycho-nudistischen Frühzeit des Privatfernsehens populär gewordenes sadistisches Ritual: Einer sitzt in der Mitte, alle anderen beschimpfen ihn. Wenn er heult, hat es geklappt. Lehrerinnen und ➢ Lehrer «spiegeln» so dem schlechten jungen Menschen, dass er schlecht ist. Und freuen sich, wenn er zusammenbricht. (➢ Antiaggressionstraining)

Herkunft, die: spielt für den Schulerfolg keine Rolle. Es ist nur einfach so, dass Italiener für die Gastronomie, Türken für Gemüseläden und Albaner zum Hühnerschlachten quasi wie geschaffen sind. Da kann man nichts machen.

Hermeneutik, die: ehemals edle Kunst des fortwährenden Nichtverstehens des Verstandenen zum Zwecke des dann besser Verstehens – im Kontext ➢ Schule, ach was, im Sumpf und Sog des pandemischen schulischen Versinkens zu Theorieersatz verwurstet, meint H. allenfalls noch: Wir denken darüber nach. Später. Dann.

hitzefrei, (Adv.): Kurz vor dem kindlichen Erstickungstod hat man mitunter ein Einsehen und beendet das schulische Ringen für den restlichen heißen Sommertag. Auch ➢ Lehrer haben hiergegen natürlich nichts. Lassen wir in diesem Fall mal den Sozialneid beiseite: Ein in den siebziger Jahren gebautes Betonmonster von ➢ Schulgebäude – also in der Bundesrepublik jedes zweite – kann im Sommer tatsächlich die Lebensfeindlichkeit der Venus entwickeln.

Nun geriete dieses Schlagwort geradezu versöhnlich, wäre es hier nicht auch der Ort, deutlich auszusprechen, was NICHT zum Unterrichtsabbruch führt:

- historisch vor allem zu nennen: Asbest und sonstiges Gift,
- aktuell beispielsweise: Stromausfall – es geht speziell in der dunklen Jahrezeit auch einmal ohne Licht,
- sowieso: Ausfall der Heizung im Winter – Erfrieren scheint appetitlicher als Erschwitzen,
- Steinbohrarbeiten im Nebenzimmer,
- Halluzinogen dampfender frischer Wandanstrich,
- Ausfall der Frischwasserversorgung, mithin Kloakisierung der Sanitärräume innerhalb von einer Stunde.

Warum man bei allen diesen Punkten solch eigentümliche Strenge an den Tag legt, verwundert nachhaltig.

hochbegabt (Adj.), dennoch Artikel: das, nämlich das eigene Kind. Ansonsten meint hochbegabt sein: Obwohl ich eine arme Sau im Russenkittel bin, deren sinnlichstes Erlebnis der wöchentliche Bibelkreis ist, obwohl mein Mann aussieht, riecht und redet, wie etwas, für das man die Krätze eintauschen will, ich aber habe meinen Berufsabschluss gegen ihn eingetauscht – trotz allem diesem schrecklichen Elende: Wir haben Kevin, Marcel, Zoe und Yves hingekriegt, und alle sind sie hochbegabt und überspringen die Klassen flohgleich.

- Wenn mein Kind einfach ein Arschloch ist, dann liegt das an seiner Unterforderung.
- Wenn mein Kind hässlich ist, dann nur weil die ganze Begabung einfach rausmuss, und sei es durchs davon gezeichnete Antlitz.

Man fragt sich in Demut, warum in einem Land mit einem Genie pro Dorfschulklasse (➢ Dorfschule), schlechterdings alles den Bach runtergeht, ja man fragt sich, wo die ganzen Genies eigentlich nach der Schulzeit hinkommen, sie verschwinden nämlich. Wahrscheinlich sind sie einfach so fürchterlich begabt, dass sie platzen.

Hof, der: auch Pausenhof: aus der Gefängnisarchitektur entlehnter Bestandteil eines Schulbauwerks – eigentlich freilich eher ein Nichtbestandteil, da der klassische H. nur eine ebene Betonfläche ist, wo ➢ Schüler in Pausen Käsebrot essen, ansonsten nur stehen oder hüpfen dürfen, aber – ungeachtet der ➢ Pausenaufsicht – in Wirklichkeit herumirren, kämpfen, rauchen und schreien. Der monotone und zu Sadismus und Bandenbildung ermunternde Zuschnitt dieses klassischen H.s ist von Experten erkannt. Daher finden sich jetzt vermehrt: sofort wieder kaputte Basketballkörbe, zu vielen Stoßverletzungen führende Betontischtennisaltäre mit dicken, eisernen Netzen, die das Spiel ausmachende Feinheiten von vorneherein ausschließen, begehbare Schachbretter ohne Figuren, faulende Baumstämme zum Sitzen in Hundepisse.

Hofdienst, der: Man muss mit einer Zange und einem Eimer gemütlich auf und ab schreiten und alle Weile einmal Müll, sprich zerdrückte Coladosen, geknüllte Kaugummipapiere, heimlich ausgedrückte Zigarettenkippen aufsammeln. Zur Belohnung kann man dann hinter der Turnhalle eine rauchen.

Die Kunst beim H. besteht darin, ihn so zu gestalten, dass man ausreichend oft vom ➢ Klassenzimmer aus zu sehen ist, sich dabei ein wenig bewegt, genügend Schnipsel wegknipst, sodass der oberflächliche Eindruck von Reinigung entsteht.

Doch das ist nur die halbe Kunst. Zum rechten Meister des H.s wird man, wenn man die Maßnahme glaubhaft auf eine volle Schulstunde zerdehnt und die richtig ekligen Dinge liegenlässt. Dass der H. immer noch eine beliebte Strafmaßnahme ist, wirft Fragen auf.

Hospitation, die: Methode zur Wahrung des Zerbrochenseins, das der junge Kollege aus dem ➢ Referendariat mitbringt. Denn Kollege Krafft (56), der immer Filme zeigt, bei dem wird nicht hospitiert, dessen Unterricht wird nicht von hinten sitzenden Veteranen der Zunft beobachtet und haarklein auseinandergenommen – verständlich, denn er hält ja gar keinen.

Bei den jungen, unerfahrenen Leuten, da muss man schon ein bisschen genauer schauen, ob das alles so ist, wie es sein soll. Wenigstens bis zur ➢ Verbeamtung.

Nicht vergessen werden soll aber auch der tapfere Lehrmensch, der gerne hospitieren lässt. «Ich habe nichts zu verbergen!» Studierende, die dann seinen Unterricht im Rahmen eines Praktikums verfolgen dürfen, sind nicht immer dieser Meinung. Aber was wissen die schon! Die kommen ja gerade aus der ➢ Schule.

HUS = Heimat- und Sachunterricht, der: vom Mäuslein bis zum Atomkraftwerk, alles ganz prima – das Fach freilich ist politischerseits mancherorts in Gefahr, daher titelte man an einer Hochschule ein Protestplakat mit den Worten:

«HUS ist ein Muss.»

Da können wir nachziehen:

«Physik macht nicht dick.»

«Latein soll immer sein.»

«Linguistik macht dich listig.»

«Chemie, Chemie, dich vergess ich nie!»

«Kochen, kochen ist besser als malochen!»

«Wirtschaftslehre, Wirtschaftslehre packt mich bei der Gangsterehre!»

«O Religion, o Religion, ich ging so gern mit Gottes Sohn!»

Hyperaktivität, die: früher: schlechtes Benehmen, nicht stattgefunden habende Erziehung und zu wenig an der frischen Luft gewesen sein. Heute (➢ ADS): schlimme Gehirndegeneration, in deren Folge Stillsitzen und Stillsein unmöglich ist. Kann mit sehr starken Drogen (➢ Ritalin) gut behandelt werden.

I

Igel, der: possierliches kleines Säugetier, das wahrlich nichts dafür kann, was ihm im Unterricht angetan wird. Denn ist es nicht so, dass wir uns von Klasse 1 bis 4 pausenlos mit einem Tier befassen mussten, das real in unserem Leben kaum einen Platz hat? Ist es nicht so, dass wir ganz unverhältnismäßig viel über den Igel gehört haben? Dass er im Winter schläft, im Sommer nicht, dass er Äpfelchen frisst, aber auch mal einen Wurm, dass er Stacheln hat, der originelle kleine Geselle! Das liegt doch an irgendetwas? Kann es bitte einfach mal jemand erklären, warum wir so viel über den Igel wissen müssen? Wo wir ihn doch später einfach nur totfahren!

Illiteralität, die: nicht lesen und schreiben können und weiter nichts dabei finden.

Impuls, stummer, der: stammt aus der tollen Kiste voller Tricks und Kniffe, die der Lehrmensch im allgemeinen Teil seiner Ausbildung gefüllt bekommt: Der I. soll ein kleiner Schubs hin zum rechten Denken sein, der stumme I. zusätzliche Erquickung spenden, weil er eben stumm ist, und das ist doch schon mal was angesichts dessen, dass in der ➢ Schule so viel gequasselt wird.

Wenn wir also in Biologie gerade die Parasiten des Baumes behandeln und unsere geliebten ➢ Schüler nun ausgerechnet nicht auf den gemeinen Schwamm kommen, gehen wir zur Tafel, nehmen den Tafelschwamm (➢ Schwamm) und stemmen ihn stumm in die Höhe. Noch der Blödeste ruft da wohl «Schwamm» und nicht etwa «Personennahverkehrszug». Die erwünschte Antwort ist nun gefallen, und wir können weitermachen, aufhören, was malen oder machen, was wir wollen.

In der Ecke stehen, das: Es gibt es noch, o ja! Es ist natürlich, als sogenannte Körperstrafe in einer rechtlichen Grauzone, das ist aber nicht das große Problem. Der ➢ Lehrer hält sich so häufig in einer solchen auf, dass er die trübe Sicht kaum noch bemerkt.

Nein, das Problem ist das folgende: Der ein oder anderen robusten Knabenseele macht es weitaus mehr Vergnügen, in die Ecke zu schauen als an die Tafel, zu stehen stört ihn mindestens nicht, am Ende gefällt ihm sogar das, bereits einer Bestrafung unterzogen zu sein, enthebt ihn ja ➢ irgendwie davon, am Unterricht teilzunehmen. Und wieder geht ein bisschen ➢ Autorität vom Konto ab, und dabei sind wir doch schon bei einstelligen Beträgen.

Einer, der beim Kollegen F. immer hinter den Gummibaum gestellt wurde, so oft, dass er irgendwann schon morgens vor acht dort sozusagen seinen Stand aufbaute, verkaufte später immerhin eine Zeitlang halbe Hähnchen vor einem Autohaus im Industriegebiet. Hat also was gebracht, das I.

Integration, die: Eingliederung von Ausländern, Behinderten und sonstwie Benachteiligten (z. B. aus Ostdeutschland) in unsere normale, sehr tolerante Gesellschaft. Hat bis jetzt ➢ irgendwie nicht geklappt. Aber wir probieren es weiter, und irgendwann macht ein taubes Kind mit Migrationshintergrund das beste ➢ Abitur in Mecklenburg-Vorpommern, denn an irgendwas muss man ja glauben!

Intelligenz, die: Fähigkeit des Menschen zu denken. Ist dem Einzelnen sehr unterschiedlich mitgegeben. Einen Menschen, der besonders wenig I. hat, nannte man früher auch mal dumm. Und das war gar nicht so verkehrt ...

intensiv (Adj.): angestrengt, umfassend, konzentriert, durchdringend, ernsthaft, sprich i., wird in der Schule gearbeitet. Aber gewiss doch.

Internetzugang, der (➢ Schulen ans Netz): Freischaltung ins World Wide Web. Mit Folgen: «Wer hat Pamela Anderson als Bildschirmschoner hochgeladen? Wieso spielt ihr Counter-Strike und übt nicht mit dem Lernprogramm? Wieso recherchierst du bei einer ‹Begleitagentur Gaby› für dein Referat über den Sudan? Und warum ist gerade mein Rechner ausgegangen?»

irgendwie (Adv.): Es ist dieses Wort «irgendwie», das Schule noch am präzisesten beschreibt.

Islam, der: [redacted]

Ist-Zustand, der: meist nicht sehr erbaulich. Will in einen Soll-Zustand überführt werden bzw. will das nicht.

J

Jahrgang, der: alle Armen, die 2006 in derselben Klassenstufe sind. Arm sind sie deshalb, weil sie in der ➢ Schule sind und weil durch Hexerei oder was auch immer, man sich als ➢ Schüler stets im schlechtesten aller Jahrgänge, die es je gab, befindet.

Jeans, die: ➢ jung geblieben sein

Jesus-Sandalen, die: ➢ jung geblieben sein

Joke, der: ganz besonders staubiger Begriff, mit dessen Hilfe die Lehrkraft einen Zugang zur Gruppe der Jungen sucht (➢ jung geblieben sein). «Da kann ich euch einen Joke erzählen!» Wie formulierte Franz Kafka? «Und es war, als sollte die Scham ihn überleben.»

Joker, der: eigentlich ein Kartenspielausdruck. In der Schule kann man sich durch Wohlverhalten oder irgendeine Leistung (putzen, tragen, zu Weihnachten tote Gans spendieren) einen J. verdienen. Für den J. kann man dann einlösen, dass man einmal beispielsweise keine ➢ Hausaufgaben machen muss – wobei ja jeder weiß, dass man die bei leidlichem Geschick ohnehin nicht machen muss. Trotzdem verfängt der J. oftmals beim Kinde wie sonst nur das ➢ Quiz.

Juckpulver, das: ursprünglich Mittel zur Unterhaltung der Schüler, indem es Lehrern oder unliebsamen Mitschülern in die

Kleidung gesteckt wurde und dann, wie der Name sagt: juckte. J. wurde wohl aus industriellen Abfällen hergestellt, wahrscheinlich Asbest.

Und heute?

J. ist out.

Pumpgun in.

Jugend forscht (➢ hochbegabt): Wettbewerb in Naturwissenschaften und anderen Fächern für Nachwuchsgenies. Eine gute Sache. Doch, doch! Hier wird nicht planlos verurteilt. Nur, was ist der Beitrag der ➢ Schule zu den Solarmobilen aus Kompostmüll, den Teleskopen für Blinde, dem neuentdeckten Wattwurm?

Eben.

Jugend trainiert für Olympia, (Lüge): denn Jugend trainiert nicht für Olympia. Die paar Bevölkerungspromille, die später einmal für unser stolzes Land hüpfen, rennen und schmeißen, haben die dazu notwendigen Titanenkräfte alle nicht bei «Jugend trainiert für Olympia» erworben.

Warum heißt das Ganze also so? Nun, seien wir ehrlich: «Jugend wird über den Platz gescheucht» oder «Lehrer dürfen in Trillerpfeifen blasen» hat nicht das Polyglotte und Professionelle unseres Stichworts – wahrscheinlich aber ist es wie immer gewesen: Es ist einfach passiert. Irgendein Staatssekretär für Sport und Maultrommel wollte ins Fernsehen und hat sich die schmissige Zeile ausgedacht.

Den Sportbegängnissen ist selbstverständlich längst ein bürokratischer Wasserkopf angeschwollen, wo doch vorher nur ein Spatzenhirn war: Sportwissenschaftler, alte Männer, zäh und schlau, haben Tabellen ersonnen, anhand deren man exakt feststellen kann, was es bedeutet, wie es zu loben oder, häufiger noch, zu tadeln ist, wenn ein elfjähriger Knabe den Schlagball 21,5 Meter weit schleudert. Auf zentimetergenaue Punktwerte hat man meines Wissens verzichtet, das hieße ein Restrealismus wäre am Werk, vielleicht ist aber auch der dahin.

Denn dieses ist die Wahrheit: Ein Lehrmensch haut mit einem Hammer Entfernungstäfelchen in den Boden – nach Gefühl. Er steht dann am Abwurf und brüllt Kommandos. Mit der Rechten die Augen vor dem grellen Sonnenlicht beschirmend, schätzt (!) er den Aufschlagpunkt des Balles anhand der ebenfalls ihren Standort Schätzungen verdankenden Täfelchen.

Auch mit der Stoppuhr kann es nicht so recht gelingen, der vormittägliche Parkinson lähmt den Daumen. Und wenn sich das Weitsprungband durch die Sandkuhlen ringelt, so wissen wir spätestens jetzt, dass alles Unsinn ist.

jung geblieben sein, Phrase: Das glauben einige wirklich: Weil sie sich die in Schüleraugen großväterliche Levi's noch über den Hintern hieven können, allerhand pseudo-adoleszente Wendungen krampfhaft in ihrem aktiven Berufswortschatz («cool», «asbach-uralt», «okay») konservieren und selten zum Friseur gehen, seien sie im Herzen jung geblieben. Nehmen wir Letzteres wörtlich, ist es gerade das Gegenteil: Der Herzmuskel, infolge Rauches, Trinkens, vor allem aber Lehrer-Seins, zerfressen und schlaff, macht es nicht mehr lange.

Justiz, die: das Gerichtswesen wird eigentlich nicht automatisch mit Schule assoziiert, ist aber eng mit der schulischen Pädagogik verflochten, obwohl weder ihr noch jener daran gelegen ist. «Wieso hat ausgerechnet unsere Samatha eine Sechs im Sport, wo sie doch gar nie da war?» (➢ Eltern)

Umgekehrt: «Ich verwahre mich gegen den Vorwurf ausländerfeindlich zu sein, zugegeben: Ich habe den Neger Neger genannt, aber kaum je Bimbo. Ich schätze beispielsweise Kofi Anan und Nelson Mandela durchaus!»

«Als ich sagte, die Schulrätin Schmidt sei eine Schlechte im Horizontalen, sagte ich das nicht als Lehrer, sondern in meiner Funktion als Organist.»

«Ich bitte um Frühpensionierung, da ich immer lateinische Stimmen höre.»

«Ich, die Lehrerin Iris von Bolanden, habe dem Schüler Elvis Belic keineswegs einen Zungenkuss gegeben! Ich nahm irrtümlich an, ihn habe ein Skorpion ins Zahnfleisch gestochen, und ich wollte das Gift absaugen.»

«Ich wollte nur einen Warnschuss auf die Tafel abgeben, und dann stand da plötzlich Dr. Müller und schrieb an. Die Maske trug ich, weil mir kalt war.»

JVA, die: Justizvollzugsanstalt. Soll der Besserung des jungen Menschen dienen, trägt jedoch vor allem zu seiner Spezialisierung in Sachen Klauen, Hauen, Drogenschmuggeln bei.

Hier ist von einem jungen Mann lobend zu berichten, der eines Tages (alles wirklich wahr) in die ➢ Schule kam, um sich für den nächsten Tag zu entschuldigen. (Dass er an diesem erst zur fünften Stunde erschien, verzeihen wir.) «Weil nämlich morgen, da muss ich in den Knast.»

Auch der Grund für seine Haft sei genannt. Das Knäblein wollte eben einfach auch einmal Auto fahren, wie das ja Millionen anderer Menschen dürfen, nur weil sie älter sind und eine Prüfung gemacht haben. Also nahm er sich das Auto eines dieser Millionen, der leider gerade nicht zugegen war, sonst hätte man sicher gefragt, ob es denn gerade passt mit dem Autoleihen.

Die sich anschließende Fahrt verlief unglücklich, das heißt, sie verlief kaum, endete mit einem veritablen Bums in einem Schaufenster. Ja, da muss man dann schon mal ins Gefängnis, aber nicht lange, natürlich nicht.

Schließlich musste jener Klassenkamerad, der einem Widersacher mit einem Schlag den Schädel brach, auch nur einen Tag.

K

Kaffee, der: koffeinhaltiges Getränk, das lehrerseits in der Schule eimer-, ja kübelweise getrunken wird. Hierfür gibt es mehrere Gründe: K. hilft manchen Menschen, die gravierendsten Folgen des Alkoholabusus (➢ Alkoholismus) zu mildern. K. kann außerdem helfen, das Schlafdefizit zu verdrängen. (Wer schläft schon gut, wenn er vor Angst schlottert.) K. ist darüber hinaus eine gute Ausrede dafür, noch ein bisschen sitzen bleiben zu können. «Ich trink nur noch meinen Kaffee aus.»

Karte, die: Medium zur Erklärung der Welt in geophysischer Hinsicht. K. ist groß, freilich nicht groß genug, als dass man ab Bankreihe zwei noch Nennenswertes erkennen könnte. K. ist bunt, freilich auch fleckig und infolge des Abgebröckeltseins ganzer Bezirke so bunt dann auch wieder nicht. K. ist nicht unbedingt aktuell. So lernen ➢ Schüler auch immer mal wieder gerne anhand von K.n, die uns eine spiegeleigroße DDR, ein wohlgeordnetes Jugoslawien und eine mächtige Sowjetunion zeigen. Das macht aber nichts, denn das Thema des ➢ Unterrichts ist der Verlauf des Rheines von Basel bis ins ferne Rotterdam und mit welchen Gütern die Schiffer da auf und ab tuckern. (➢ Deutschlandkarte)

Kartenraum, der: aus irgendeinem unersichtlichen Grund in der Regel fensterloses Kabuff, an dessen Decke eine Unzahl von ➢ Karten hängt, respektive diese Karten hängen dort seit Jahren nicht mehr.

Sie stehen in einer feuchten Ecke, sie liegen auf der leckenden Heizung, sie sind verschwunden. Der K.r. wird eigentlich, da Karten ohnehin nur eines gewissen Präpariertheitsausdrucks des ➢ Lehrers ihre Existenz schulden, genutzt, um einem eben dort kettenrauchenden ➢ Kollegen das kleine Feigenblatt einer ➢ außerunterrichtlichen Tätigkeit zu verleihen.

Katheder, der: altmodisch für Lehrertisch, war früher erhöht, was sich in heutigen Zeiten als wenig hilfreich erwies, da der Lehrmensch, räumlich herausgehoben, noch besser erschossen werden kann.

Kaugummi, der: K. haben die Amis allen anderslautenden Bekundungen zum Trotz nicht aus Freundlichkeit mitgebracht. Vielmehr war der K. die so zu nennende Nachbombardierung. Der K. nämlich trägt Mitschuld an der deutschen Bildungsmisere. Gut ein Drittel der Zeit, die der Lehrmensch nutzen könnte, um vielleicht doch das ein oder andere Berichtenswerte in den Kinderschädel zu trommeln, geht mit der Bekämpfung des Kaugummikauens dahin. «Kaugummi raus!» Dieser Satz ist essenziell, um richtig Lehrer werden zu können.

«Mund auf, Zunge hoch!», verweist indes auf einen wahrhaft kampferprobten Zunftgenossen. Beliebte Strafe für die Todsünde des Kauens ist es, den Überführten zu zwingen, nachmittags mit Hilfe eines stumpfen Messers die unter die Tische geklebten Kaugummis abzuhobeln. Interessanterweise wird in der ➢ Lehrerkonferenz kaum etwas so heftig konsumiert wie Kaugummis. (➢ Kaffee)

Kenntnisse, die: werden in der ➢ Schule erworben. Sagt man.

Kernkompetenz, die: wissen, dass man etwas, das man nicht weiß, im Lexikon nachgucken kann. Es dort dann doch nicht findet, da man nicht weiß, wie es geschrieben wird.

Kinesiologie, die (auch: Kinästhetik): unscharf der Neurologie entwendetes Teilwissen, das derzeit seinen Zenit überschritten zu haben scheint – was man freilich im wabernden Feld pädagogischer Moden nie ganz sicher sagen kann. K. geht davon aus, dass man durch entsprechende Gymnastik schlauer wird. Wird man aber nicht.

KJL, die: astronautisch anmutende Abkürzung für «Kinder- und Jugendliteratur». Auch dieses ist ein heißumstrittenes Gebiet. Die Kombattanten fechten u. a. folgende Fragen aus: Darf/soll sich Erzieherisches in Kinderbüchern finden? Muss/kann auf Magisches (welches Kindern Spaß macht) verzichtet werden? Und warum nicht auch darüber Krach kriegen: Kann ein Goldfisch wasserscheu sein? Eine Blume glücklich? Empfinden Schlangen Reue?

Hier treibt es die Keilerei seit einiger Zeit in ein neues Schlachtfeld: ➢ Philosophieren mit Kindern.

Klassenarbeit, die: hauptsächlich Rosstäuscherei zur Herstellung von ➢ Noten. Es gibt nicht allzu viele erfundene Theoreme, die zu lehren vorgäben, wie man Klassenarbeiten konzipierte – noch nicht einmal eine Lüge ist allen der Blödsinn wert.

Also rumpelt der Lehrmensch ein paar Aufgaben zusammen, verteilt vergnügt Punkte und errechnet dann – schon nicht mehr vergnügt, denn natürlich haben die Schüler enttäuscht, Noten. Oder aber, im Falle des ➢ Aufsatzes, wird einmal mit der rot munitionierten Donnerbüchse auf den Text gefeuert, und dann setzt es die Zensur aus einem geblähten Bauchgefühl.

Und wie fast forensisch alles Beikommende die Tollheit weitertreibt: K. werden in Heften geschrieben, die einen farbigen Umschlag haben müssen; neben der K. gibt es aber auch den «Test» – dieser ist ebenfalls eine Klassenarbeit ➢ irgendwie, wird aber auf einem singulären Blatt abgefasst und zählt weniger.

Klassenbuch, das: eine Art Logbuch, geführt vom Lehrpersonal, speziell für den Fall der fortwährenden Havarie. Einzig zum Eintrag von Listen, Unwahrheiten die eigene Tätigkeit betreffend und wirkungslosen Tadeln nutzbar. Den Wegfall des Klassenbuchs würde auch keiner merken. Mitunter ist es tatsächlich weg: vergraben, verbrannt, verloren. Dann schreiben wir ein neues, also fälschen eins. Es gibt das K., und dabei bleibt es. Alles, was es in der Schule gibt, bleibt.

Klassenbucheintrag, der: Wieder einmal greift die Lehrperson zu Maßnahmen der Selbstbehauptung und greift daneben. Es mag ehedem dem ➢ Schüler einen gewissen Respekt verursacht haben, wenn er seinen Namen mit tadelnden Worten (➢ Tadel) verbunden im Klassenbuch fand. Ja, noch immer kann der Eintrag Folgen zeitigen: Nicht wenige Schulen haben sich selbst ein Gesetz gebastelt, neben dem die Scharia als Fackel der Aufklärung lodert: drei Einträge = ein Tag Schulausschluss.

Die Frage nach dem strafenden Charakter dieser Maßnahme einmal hintangestellt, ergeben sich deprimierende Fälle:

Jens kaut Kaugummi.
Jens ist frech.
\+ Jens zwei Minuten zu spät

= ein Tag Schulausschluss

Erwin beißt Eugen blutig
Erwin macht den Hitlergruß
\+ Erwin defäkiert in die Mädchenumkleide

= dito: ein Tag Schulausschluss

Doch dieses Elend muss wenigstens nicht einsam sein, Bruder und Schwester, Wahnsinn und Schande gesellen sich bei. Abseits vom drohenden Charakter hat sich nämlich seit dem skizzierten «Ehedem» manches gewandelt, nicht zum Guten. In tierhafter Sicherheit spürt gerade der niederträchtigste Zögling, dass es mit der Lehrkraft gesellschaftlich aus ist: Drohungen, Wehleidigkeiten erreichen ihn nicht, lassen ihn nur die Schultern zucken und weiter Böses anrichten. Und der Lehrmensch weiß, dass es so ist, dass es alle wissen, und also versucht er (hoffnungslos) seinen Worten mehr Gewicht einzuhauchen.

Folgender (echter) Klassenbucheintrag aus den neunziger Jahren des gestorbenen Jahrhunderts mag den Versuch sowie seine inhärente Vergeblichkeit verdeutlichen:

«Schüler, deren Namen ich nicht kenne und die sich weigern ihren Namen zu sagen, beleidigen den Lehrer in herabwürdigender Weise.»

Dies ist, wir spüren es alle, kein Eintrag mehr, sondern ein Abschiedsbrief, im grammatikalischen Murks, von der ersten in die dritte Person zu stürzen, offenbart sich ein Sehnen, das längst um seine Vergeblichkeit weiß: Ach möge doch die Berufsbezeichnung «Lehrer» eine Bedeutung haben und sei es nur noch dieses eine Mal!

Vielleicht der beste Eintrag, den der Schreiber dieser Zeilen je las:

«Eda stört den Unterricht durch Lackieren ihrer Fingernägel.» Heißt: «Der Lehrer kann und mag nicht mehr.»

Klassenclown, der: armer Mensch, oft dick oder mit Sprachfehler geschlagen. Ihm bleibt nur eine Wahl: entweder Einsamkeit mit der gelegentlichen Abwechslung des Verprügeltwerdens oder aber Übernahme der Rolle des K. Dazu sind nicht viele Talente erforderlich – außer Frechheit und einer gewissen Bestrafungstoleranz eigentlich keine. Junge Menschen haben einen simplen Humor. Wenn sich jemand wehtut oder schlimme Wörter gesagt werden, ist das der Brüller.

Besonders gut gelingt dem K. sein schäbiges Wirken, wenn er auf eine unerfahrene und möglicherweise restidealistische Lehrkraft trifft.

Einige geben seltsame Geräusche von sich, egal, womit man sich an sie wendet, andere schaffen es, eine noch doofere Person aus sich zu machen, mit gänzlich entgleisten Gesichtszügen die Lacher zu evozieren, die ihnen Freundschaft und Halt ersetzen müssen.

Manch einer ist sogar zum K. zu unbegabt, so versuchte der arme Rainer durch Vorsingen des Liedes: «Mein Freund, der Baum, ist tot» Beachtung zu ernten. Was er erntete, war leider etwas anderes.

«Herr Blech, haben Sie gesehen, wer mich getreten hat?»

Doch der Lehrer hatte nicht hingeschaut.

Klassendienst, der: ➢ Tafeldienst

Klassenfahrt, die: ➢ Schulfahrt

Klassenkonferenz, die: Treffen aller Lehrer einer Klasse, auf dem sie beraten und – in aller Regel – einen ➢ Schulausschluss beschließen. Es sind normalerweise immer alle einstimmig für jeden Vorschlag, damit alles rasch vonstatten geht.

Klassenlehrer, der: Listenführer und Konferenzenabhalter, auch Ansprechpartner der ➢ Schüler. Für all dieses Zusätzliche kriegt er nichts, früher gab es mal eine Stunde für pädagogisches Wirken, aber die ist weg. Wie schon oft erwähnt: Das liebe Geld fehlt. Obwohl eine Stunde eigentlich nichts kosten würde, aber Logik ist kein Schulfach.

Klassentreffen, das: nostalgische Einberufung der ehemaligen Mitschüler. Meist nach fünf, zehn oder fünfzig Jahren. Da sieht man sie wieder: den Schwulen, den Braven, die ehemals Verehrte, die jetzt eine Glatze hat. Ja, alle sind wir alt geworden. So lasst uns denn trinken, trinken, trinken.

Klassenzimmer, das: Raum zur Beschulung. Tische, Stühle, Tafel und garantiert eine immer flackernde Neonlampe. Bei manchen engagierten Kolleginnen und Kollegen darüber hinaus geradezu ein Overkill an Kindesliebe und Förderwillen: Bilder, Gräser, Blumen, Palmen, Plastiken, Aquarien, Terrarien (➢ Schildkröte), australische Regenhölzer, viele bunte Bücher und Wäscheleinen kreuz und quer, an denen die in aller Regel abscheulichen Wachsstiftbilder der ➢ Schüler hängen. Kuschelecke, Gruppentische, man möchte gar nicht mehr hinaus, und man findet auch gar nicht mehr hinaus. Aus all diesem ziehen die Kindlein keinen nennenswerten Gewinn.

Klausur, die: ➢ Klassenarbeit in höheren Klassen. Soll wohl ➢ irgendwie akademisch klingen.

kleine Pause, die: wird im Zimmer verbracht, und zwar bei offener Tür. Das ist natürlich auf motivationaler Ebene eine bedenkliche, gleichwohl landesweit akzeptierte Regelung: «Siehe Schüler, da geht's ins Treppenhaus, ins Raucherklo, ein Katzensprung, nichts trennt dich, hältst du dennoch ein die REGEL?»

Selbstverständlich nicht. Die kleine Pause wird damit zugebracht, dass die Regel gebrochen wird. Durch die offene Tür entsteht ein Durchzug, der den Einkaufszettel des Lehrers der Anonymität des Pultes entreißt, da steht:
1 Liter Roten
Fertigpizza
Valium

Klettern, das: schamlos offene Lumperei, die sich darin zeigt, dass ernsthaft angenommen wird, man könne einen Soziopathen, Tierschänder, Totschläger dadurch zu einem prima Kerl machen, dass man ihm ein paar Klimmzüge Freeclimbing verordnet. Auch muss er einen anderen Bastard seiltechnisch sichern, wodurch er angeblich Verantwortung lernt. Oftmals Bestandteil von ➢ Antiaggressionstraining.

Kochen, das: Schulfach in niederen Schultypen – nicht im Gymnasium. Nun ist es ja ganz zweifellos für jeden Menschen gut, wenn er sich später einmal eine Suppe zubereiten kann, am Ende – so er nicht gut aussieht – ist ein raffiniertes Menü vielleicht sogar sein einziger Weg, auch einmal Sex haben zu dürfen.

Dennoch: Der Gymnasiast braucht das nicht. Er kann ja dank seines ➢ Abiturs später derartig viel Geld verdienen, dass er stets zum Sternekoch marschieren und auch das Sexuelle nötigenfalls finanziell regeln kann.

Es sei denn, er wird ➢ Lehrer.

Koedukation, die: heißt, dass Mädchen und Jungen zusammen unterrichtet werden. Das Gegenteil ist Monoedukation und hieß früher Jungensport und Handarbeit. Warum solch griechisch-römische Begriffe für herzlich schlichte Sachverhalte? Weil Pädagogik eine Wissenschaft ist! Blöde Frage.

Kollegium, das: Euphemismus, unterstellt der Begriff doch auch eine vorhandene Kollegialität. Grundsätzlich wird die Gruppe von an einer Schule Lehrenden als K. bezeichnet. Die Kranken gehören auch dazu, allerdings nur so lange, bis die vielen Vertretungsstunden die kleine Restsolidarität weggepustet haben.

Den Kandidaten Blech verschlug es einst an eine kleine Schule in Betonschluchten, wo die ihn betreuende ➢ Lehrerin nach Abfrage des Sternzeichens und Hinweis auf ihre Arthrose vor allem den unerhörten Zusammenhalt des K.s pries.

Irgendeine private Katastrophe eines Kollegen, die rasch wieder entfiel, wurde besonders hervorgehoben: In der nach dieser Katastrophe einsetzenden Solidarität «konnte man einmal sehen, was ein Kollegium ist!» Das war bestimmt so, Lehrer lügen nicht. Was Blech aber in der Folgezeit an Exemplaren des K. kennenlernte, erschwerte es, sich diese vergangenen goldenen Zeiten so recht vorstellen zu können.

Ein Sammelsurium von bestenfalls originellen Naturen saß da beisammen, darunter ein Trinker, eine Faschistin und ein ungemein herausgeputzter Zwerg, dem es nicht möglich war, eine Minute ohne übelste Zote zu bewältigen. Er wurde später an eine Grundschule (!) versetzt.

Es wurde geschrien, geheult, intrigiert. Einmal stahl eine Lehrerin gar dem Dienstältesten das Pausenbrot.

Aber am Schuljahresende – der Sekt floss in Strömen, da dachte auch der Kandidat Blech benebelt und offensichtlich bereits teilverschlissen: «Eigentlich ein nettes Kollegium!»

Kopfnote, die: eine Note, deren Name sich wohl der Tatsache verdankt, dass sie im Zeugnis ganz oben steht – schon klar, der Kopf ist oben; vielleicht stimmt das in der ➢ Schule nicht immer, aber im Allgemeinen kommt das ja hin. Die Kopfnote gibt es für Betragen und Mitarbeit, und sie gibt es im Gegensatz zur normalen ➢ Note nur in vierfacher Ausführung: sehr gut – gut – befriedigend – unbefriedigend.

Eigentlich gibt es sogar nur drei K., denn «sehr gut» werden eines ➢ Schülers Betragen und Eifer (völlig zu Recht) so gut wie nie eingestuft.

In der ➢ Oberstufe gibt es die K. dann plötzlich nicht mehr, vielleicht deshalb, weil man dann gleich per Stempel die Vier erteilen könnte. Wenn volljährige Schüler sich selbst ➢ Entschuldigungen schreiben dürfen, ist dreisteste Provokation ja ohnehin legalisiert. (Schreiber dieser Zeilen entschuldigte sich einst als Zwölftklässler selbst mit der Begründung, er habe eine Marienerscheinung gehabt. Zähneknirschend mussten die Lehrer selbst das hinnehmen.)

Im Grunde ist die K. einfach nicht durchdacht. Es müsste sie immer geben, und sie bräuchte beim Verhalten ein größeres, kein kleineres Notenspektrum:

4 – unbefriedigend

5 – äußerst unbefriedigend
6 – nicht mehr zu ertragen
7 – soziopathisch bis strafbar
8 – kriminell im allgemeinen Sinne
9 – kriminell mit klarer Tendenz zu schweren Gewaltdelikten
10 – alles zusammen und zum Glück immer schwänzend

Kreide, die: Was um Himmels willen gibt es denn nun auch noch gegen ein Mineral vorzubringen? Eine ganze Menge. Gewiss: Mit der Kreide schreibt man an die ➢ Tafel, und das funktioniert bisweilen. Wenden wir uns aber dem diesem Beikommenden zu:

- Kreide staubt und mag schon mehr als einen Asthmatiker ins Jenseits befördert haben; Studien dazu gibt es geradezu auffällig keine, wo doch jeder Sendemast für alles Erdenkliche herhalten muss.
- Kreide – im Zusammenspiel mit der frischgeputzten, also nassen Tafel – verwandelt sich in eine Art weißen Schleim, der brockig zu Boden fällt oder in stärkerer Verdünnung milchige Schlieren auf Tafel, Fußboden und Lehrer hinterlässt.
- Kreide bricht, und der Fingernagel des Anschreibenden bricht ebenfalls.
- Kreide, nachlässig gewinkelt, erzeugt auf der Tafel ein grauenerregendes Geräusch.

Der langjährige deutsche Meister der Pädagogik und Adelsmann, H.v. Henting, formulierte, könnte er nur ein Medium wählen, «ich wählte Tafel und Kreide». Nun denn, müsste sich der Weise für ein einziges Fortbewegungsmittel entscheiden, wählte er doch hoffentlich den Hundeschlitten bzw. ritte auf einem Vogel Strauß zum Horizont und bliebe dort.

Kunstunterricht, der: weder Kunst noch ➢ Unterricht, sondern: Wasserfarben, Pinsel, Becher, Zeitung, Wasserfarben aufräumen, sauber machen. Wer den Becher vergisst, wird erschossen.

L

Lateinunterricht, der: Es gibt ihn, weil es ihn gibt. Und weil man an Latein so wundervoll sieht, wie eine Sprache funktioniert. Und weil man sich durch ihn das Latinum an der Uni sparen kann. Und weil man viel über die Kriege im Antiken lernt. Und halt, weil es ihn gibt, wie gesagt.

Ach ja, mal angenommen, Ihr Kind will später Pfarrer werden, da ist es ebenso von großem Vorteil, wenn es jetzt schon Latein kann. Dann kann es bald schon das Neue Testament im Originaltext lesen, äh, in der lateinischen Übersetzung. Oder die Tochter, die wird ja vielleicht einmal Apothekerin! Und überhaupt: «Marc Aurels Lebensweisheiten nutze ich täglich zur Meditation.»

Lehrer, der /Lehrerin, die: Säugetier mit geringer Lebenserwartung, Leben des/der L. gliedert sich in folgende Phasen: Kindheit und Jugend unauffällig, ggf. verstärkte Neigung, an Zeltlagern in Leitungsfunktion teilzunehmen, Studium mit idealistischen Anteilen, dann Berufsausübung, die zunächst mit sozialem, dann psychischem, schließlich mit biologischem Tod einhergeht.

Auf Anfrage lieferte U. Petersen, ein Veteran der norddeutschen Gymnasialpädagogik, folgende Systematik unterschiedlicher «Lehrertypen», wie sie ihm aus über dreißig Jahren Arbeit in der Schule in Erinnerung sind, sortiert nach dem Ansehen, das sie bei den Schülern genießen:

1. «cool»: mit Schülernähe, setzt sich geschickt und folgenlos über Regeln hinweg.

2. «streng, aber gerecht»: evtl. autoritär, wirkt auf Schüler kompetent («bei dem lernt man aber was»).
3. «schrullig, aber schülernah»: vielleicht Raucher, vielleicht Vertrauenslehrer, die Schrullen (z. B. Essen während des Unterrichts) verzeihen ihm die Schüler.
4. «cleverer, evtl. fauler Dünnbrettbohrer»: drückt sich, wo immer es geht; bei Buffets immer anwesend.
5. «kumpelhaft»: immer auf Suche nach der heilen Schülerwelt.
6. «68er»: neigt zu Diskussionen, sucht Schülernähe.
7. «frustriert»: oft an Erlassen und Zwängen, aber auch eigenen Ansprüchen aufgerieben oder gescheitert.
8. «aggressiv bis rassistisch»: kompensiert mit Schülerbeleidigungen eigene Schwächen, geltungsbedürftig.
9. «pingeliger Pflichterfüller»: macht so pädagogische oder sonstige Defizite wett, oft in Ausschüssen tätig.
10. «Loser»: schlecht gekleidet, inkonsequent, unverzeihliche Schrullen, Jähzorn und Strafen bei wehrlosen Schülern.

Dank sei dem Kollegen Petersen, der in schonungsloser Offenheit auf einen elften Typus in Richtung «geborener Pädagoge» verzichtet, denn wir ahnen: Diesen gibt es nicht.

Lehrerausbildung, die: Grabenkampf zwischen Theorie und Praxis, derzeitiger Stand: remis.

Lehrerausflug, der: willenloses Trinken eines ➢ Kollegiums in der Fremde.

Lehrerfortbildung, die: soll ➢ Lehrer noch mehr qualifizieren, ist in der Tat aber ein Sammelbegriff für qualitativ sehr unterschiedlich Ausfallendes. Eine Fortbildung für das Fach ➢ Ethik soll hier als prägnantes Beispiel dienen. Nicht etwa wurde da besprochen, wie man dieses Fach unterrichten solle, nein, die teilnehmenden Lehrerinnen und Lehrer wurden selbst Unterrichtsobjekt der beiden Veranstaltungsleiterinnen. Das war gar nicht schön – wer möchte schon mit Wildfremden alle Wünsche und Ängste teilen?

Eine der Leiterinnen sagte dann noch, die nächsten Jahre dienten ihr als Vorbereitung auf den Tod, da erhob sich ein insgesamt einfach tieftraurig dreinschauender Mann und erklärte, er lebe sowieso jeden Tag, als ob es der letzte wäre. Womit er vielleicht den letzten Schultag vor der Pensionierung meinte, für den man sich ja wirklich nicht mehr vorbereiten muss. (Man erhält Geschenke und trinkt Sekt.)

Trotz solcher klebrigen Erfahrungen ist die F. natürlich die letzte Rettung! Sowieso. Nur: Wie man – und damit auch wer – Fortbilder (Fortbildner? Fortbildender? Fortbilidindildieidied?) wird, ist unklar. Diese Fakten muss man nennen. Aber das sind wahrscheinlich nur Kleinigkeiten.

Lehrerkonferenz, die: Alle ➢ Lehrer der Schule werden im ➢ Lehrerzimmer versammelt. Deswegen heißt sie ja so. Die ➢ Schulleitung leitet das Ganze.

Es geht stundenlang um alles: den Hof, die Abschlussnoten, dass der Kollege B. im Entzug ist und man die wandernde UNICEF-Karte an ihn unterschreiben möge, dass der ➢ Hausmeister sich weigere, Vollkornbrötchen zu verkaufen, und ob man nicht mal wieder einen ➢ Lehrerausflug auf ein Weingut machen solle. Es gibt bei der L. immer immensen Streit, Tränen, Geschrei und Hinausgestürme. Abstimmungen müssen wiederholt werden, weil drei Mitzählende drei verschiedene Ergebnisse erzielt haben.

Es gibt ein Protokoll.

Es gibt einfach nichts Schrecklicheres.

Lehrerzimmer, das: Schonraum, für ➢ Schüler verboten, trotzdem oftmals so laut, als seien die dennoch alle da. Gelegentlich wird es ein wenig erotisch zwischen zweien, oder aber es gibt Krach wegen der Raucher, die ja aber bald per Gesetz abgeschafft werden. Irgendwo bollert eine Kaffeemaschine, irgendeiner telefoniert mit dem Jugendamt, ein anderer spielt ein Computerspiel, es könnte ein so netter Ort sein, aber nichts da, es läutet. Aufstehen und in den Krieg ziehen, Kollegen!

Lehrmethode, die: vorne stehen und Fragen stellen, diese dann selbst beantworten. Oder ➢ irgendwie ➢ progressiv sein und es irgendwie anders machen.

Lehrprobe, die, auch Schaustunde: Es weiß jeder: Die L. ist die wichtigste Stunde des Lehrerlebens, und zugleich hat sie am allerwenigsten mit diesem zu tun. Sie ist singulär in jeder Hinsicht. Denn in der L. sind normalerweise sogar die ➢ Schüler willig, teils, weil sie bestochen sind (➢ Negerkuss), teils, weil der die L. abhaltende Kandidat derartig Angst hat und diese auch nicht verbergen kann, dass er sogar den Schülern leidtut. Die L. wird von einer düster dreinschauenden Kommission bewertet, und diese Bewertung entscheidet darüber, ob man ➢ Lehrer wird oder bei Aldi Pakete stapelt. Also lohnt es sich, ein wenig zu investieren.

Im Bayern der 70er Jahre, so wird glaubhaft berichtet, wurde hierin der deutsche Rekord, ja, wohl der Weltrekord aufgestellt. Einer, der Physiklehrer werden wollte und das heute im Nachhinein sicher schon bereut, ließ zur Demonstration von Auftrieb o.Ä. einen Hubschrauber auf dem Schulhof landen. Dies wäre allenfalls noch zu toppen, indem man in Geographie Klasse und Kommission zu einem Rundflug lüde oder in Politik die Schule von der GSG 9 stürmen ließe. Das wäre überhaupt eine Idee!

Leistungsdifferenzierung, die: «Die Daphne ist dumm, sieht aber gut aus.»

Lernmittel, die: ➢ Bücher, ➢ Karte

Lernmittelfreiheit, die: ➢ Bücher kosten nix, sind also nichts wert, werden kaputtgemacht.

Lernstandserhebung, die: «Was habt ihr denn beim Kollegen Daumüller vor seinem Schlaganfall als Letztes gemacht?»

Leseförderung, die: die Schüler lesen nicht mehr (➢ Deutsche Literatur, ➢ PISA-Studie)! Das muss sich ändern.

Wir müssen Leseförderung betreiben!
Und wie geht das?
Wir müssen Leseförderung betreiben!
Jaja, aber meine Frage war ja, wie das geht.
Na, wie oft denn noch! Wir müssen Leseförderung betreiben!
Ach so.

Lese-Rechtschreib-Schwäche, die: ähnlich wie ➢ Hyperaktivität, ➢ ADS. Eine Krankheit, gegen die Aids eine Art Schnupfen ist. Wobei sie eigentlich mittlerweile nicht mehr als Krankheit gesehen wird, da man, selbst wenn man im Dienste der Wissenschaft einem Lese-Rechtschreib-Schwachen das Hirn dünner schnippelt als der Italiener sein rohes Rindfleisch, man nichts Krankes findet. Verdammt!

Das waren noch Zeiten, als man das Kind Legastheniker nannte und einfach nicht mehr benotete! Was das Arbeit gespart hat! Jetzt hat er eben eine Schwäche, der Bengel, nein, selbst das wird allmählich als furchtbare Diskriminierung erkannt: Sollte unser Lexikon in weitere Auflagen gelangen, gar verfilmt werden, dann werden wir von einer Lese-Rechtschreib-*Schwierigkeit* sprechen, wir sind schon fast so weit! Nicht ferne ist der Tag, wo beispielsweise Pfarrer Jürgen Fliege, reinstalliert als Daily-Talker, einen Gast als «speziell orthographisch begabt» vorstellen wird, und dann kommt einer, der nicht schreiben kann.

Einzig das Problem bleibt: Manche lernen's nie. Und wir wissen übrigens nach wie vor nicht, warum. (➢ Beratungslehrer)

Lob, das: Gemeint ist die offizielle Anerkennung. Ein sehr guter Schüler erhält gewöhnlich einen Buchpreis, der zweite Sieger erhält ein Lob. Das steht dann im Zeugnis: «Murat erhält ein Lob.»

Was Murat davon hat? Nix.

Lückentext, der: Der Rettungsanker, wenn gar nichts mehr geht. Der _________ ist einfach ein Text, bei dem bestimmte ________ weggelassen werden. Dadurch ______________ das Gelernte nach einer _______________ widerlegten psychologischen Theorie ________________ einmal «umgewälzt», um so, quasi wie ___________________ in der Trommel, reiner zu verbleiben. Außerdem kann man ihn austeilen und muss dann _____________ mehr tun.

M

Mädchenschule, die: selbsterklärend: ➢ Schule für Mädchen, nur noch selten vorhanden. Mädchen, die auf eine M. gehen, sind in Mathe besser. Dafür aber häufig auch frühreif und geben sich daher zu früh an Studenten der Umgebung hin. Dieses gegeneinander abzuwägen, ist allen schon wieder zu diffizil.

(➢ Koedukation)

Mandala, das: schlimmster Kollateralschaden der Entdeckung Asiens, trotz Meditation, Pflaumenwein und Schießpulver. Bevor das M. seinen Siegeszug in die Aktentasche des unvorbereiteten ➢ Lehrers gefunden hat, um dort mit seinen Freunden – dem Weinbrand, den Pfefferminzpastillen und dem GEW-Handbuch – akademische Aktenfülle vorzuspiegeln, durften Kinder auch ausmalen: im Kindergarten und wenn die Lehrperson schlichtweg keine Lust hatte, Unterricht zu geben. Damals kolorierten Kinder Gegenstände, Landschaften, Tiere, Bauern in Tracht – heute aber: spinnige Kirchenfenster, in Graphik umgesetzte Migräneauren, selige LSD-Erinnerungen geschäftstüchtiger Graphikdesigner. Wir behaupten, solche M. auszumalen sei gut, stärke den Kleinen alles Mögliche, und es sei selbstverständlich ➢ Unterricht.

WIR LÜGEN!

Mathematikunterricht, der: x-Achse, ➢ x-Gleichung, y-Achse – M. ist ein hartes soziales Selektionsinstrument auf numerischer Basis, mitunter in seinem Misslingen schier anmutig.

Der Zahl, ist sie denn ganz falsch, haftet ja doch etwas Experimentell-Lyrisches an; die Graphik, kommt sie vollständig misslungen daher, zeigt die menschliche Vanitas gerade aufgrund ihrer intendierten, jedoch verfehlten Exaktheit. Der saugnapfbewehrte Tafelzirkel fällt zu Boden, schon die Aufgaben werden nicht verstanden. Der Mathematiklehrer aber unterliegt einem besonders bitteren Irrtum: Er glaubt, ob der logischen Struktur seines Faches, er sei selbst irgendwie exakter, legitimierter, am Ende anerkannter als die Kollegen Schöngeister. O nein! Er rudert, macht und ist kein Jota weniger verlassen als wir anderen.

In mancher Hinsicht sogar noch mehr: Man kann in vielen Fächern den ➣ Schülern wenigtens noch vorlügen, sie lernten, wenn sie denn lernten, immens fürs Leben.

Deutsch: «Du willst doch eine ordentliche Bewerbung schreiben!»

Englisch: «Du arbeitest vielleicht einmal in London!» (Die suchen nämlich immer Kammerjäger.)

Französisch: «Als Austernzüchter in der Bretagne kann man noch was werden!»

Latein: «Vielleicht heiratet dich der Papst!»

Aber in dem Moment, wo das Kaufmanns- und Prozentrechnen rum ist, was soll man dann in M. groß sagen?

«Vielleicht kommen diese geometrisch gemusterten Tapeten wieder in Mode, und du willst dir eine entwerfen!»

«Angenommen, du kaufst dir einen Iglu, willst du wirklich nicht wissen, wie groß dessen Wohnfläche ist?»

«Wenn drei Arbeiter dein Haus in einem Monat bauen, möchtest du dann nicht GENAU wissen, wie lange es bei vieren dauert, von denen einer nur einen Arm hat?»

Matrize, die: kohlepapierähnliches Blatt Papier zur Vervielfältigung von in Heimarbeit erdachten Unterrichtsmaterialien. Kam in den 70er Jahren auf, und jawohl, es gibt sie noch! Die gerade noch nicht Pensionierten benutzen (selbstverständlich) nach wie vor den kurz vor den Winterspielen in Sapporo (für alle Jüngeren: die waren 1972) erworbenen Ordner voller M.n. Doch ach: War der halluzinogene Geruch der M. doch einstmals einziger Trost vor der ➢ Klassenarbeit, für ihn nahm man auch das verwaschene lila Schriftbild in Kauf, so ist die M., wenn sie dann mal dreißig Jahre alt ist, eben leider nicht mehr lesbar. Macht nichts, wie gesagt, die Pensionierung naht!

Zurück zur M.: Man vervielfältigte mittels Kurbel, später war dann die elektrifizierte Trommel der Hit. Wie das Ganze genau vor sich ging, wusste wahrscheinlich selbst damals niemand. Unscharf entsinnt man sich auch diverser Unfälle, auslaufender Tanks voll des lila Irgendwas, gänzlich eingefärbte Blätter, die noch betörender rochen – auch deshalb ist die Erinnerung eben keine präzise mehr. Schließlich stand da plötzlich ein weißer Kasten, büffelgleich im Lehrerzimmer, röchelte und schrie, roch nicht mehr betörend, das merkten wir gleich, erzeugte Krebs, das wissen wir inzwischen, und das Ende der M. war gekommen (➢ Fotokopie). Was wird das Nächste sein? Kann nicht endlich alles gnädig enden?

Mediendidaktik, die: Wir schreiben den Vokabeltest am PC und kriegen eine gewischt, wenn wir was falsch machen. Oder wir kommunizieren, sanft gelenkt, per E-Mail mit jungen Menschen in Polen.

Diese antworten nie.

mittlere Reife, die: ➢ Abschluss

Montessori, Maria, die: Italienerin mit rätselhafter, übers Grab hinausweisender Strahlkraft. Hat erfunden, dass man mit Buchstaben spielen kann und Ähnliches mehr. Lieferte derart wohl den ideengeschichtlichen Hintergrund für Buchstabensuppe und Russisch Brot. Man kann sich dazu ausbilden lassen, so wie M. zu sein, schafft es aber nie ganz.

Mülltrennung, die: Wir haben einen grauen und einen grünen Mülleimer im Klassenzimmer. In den grünen werfen wir organische Abfälle, in den anderen den Rest. Das bereits begreifen die ➢ Schüler nicht, und begriffen sie es, hielten sie sich nicht daran. Zum Schluss schmeißt der ➢ Hausmeister eh alles zusammen. Wir geben auf.

Musiklehrer, der: oftmals ertaubender, meist verbitterter ehemaliger Musiker beiderlei Geschlechts.

Musiksaal, der: Aufbewahrungsort für defekte Musikinstrumente und allerhand Plunder.

Musikunterricht, der: wird in die Randstunden gelegt, fällt aus.

Und findet er doch einmal statt, dann gibt es ihn in – wieder einmal – zwei nichts miteinander zu tun habenden Varianten: entweder als eine harte, staubige Veranstaltung, wo man Geburtsdaten großer Kompositeure, Namen absonderlicher Instrumente («Englisch Horn», «Zimbel», «Zinken») und der schwarzen Punkte auf und zwischen den fünf Linien («‹Be›, nicht ‹Hes›, du Saubube!») lernen muss und als fleißiger Gehörloser durchaus zum «Sehr gut» gelangen kann.

Oder aber es wird ein wöchentliches Happening veranstaltet,

das zumindest Fragen offenlässt – und zwar an den Ohrenarzt: «Bleibe ich jetzt taub?»

(➢ Oktave)

N

Nachschrift, die: ➢ Diktat

Nachspiel, das: eigentlich Androhung von Konsequenzen. Im schulischen Kontext folgendermaßen am besten erklärt: Das «es» in «es regnet» ist nicht der Himmel, die Wolke oder der Regen, sondern einfach nichts. Geht das auch einen ganzen Satz lang? Ja, wenn der ➢ Lehrer sagt: «Das wird ein Nachspiel haben!»

Nasenbein, das: bricht im ➢ Sportunterricht schon mal. Egal.

Nebensatz, der: Zwischen ihm und einem Hauptsatz kompetent unterscheiden zu können ist ein einfaches und daher auch manchmal erreichtes Ziel der schulischen Arbeit. Warum man den N. aber auch immer unterstreichen muss, möglichst bunt und mit einem Lineal, ist völlig unklar, aber absolutes Muss. Besonders sinnig ist die Aufgabe, den Hauptsatz blau und den Nebensatz grün unterstreichen zu lassen, weil ja damit immer alles unterstrichen wird, von ganz begabten ➢ Schülern auch gerne mal, da sie keine Farben mehr haben, einfarbig. Dennoch ist das ordentliche Unterstreichen das Wichtigste in der ➢ Schule, vielleicht das Wichtigste überhaupt für das spätere Leben. Denn auch da muss man ja ständig unterstreichen. Wie man sieht.

Negerkuss, der: Aber gewiss, er heißt heute Schokokuss. Was gemeint ist, ist ja trotzdem klar. Der N. ist eine schulische Ersatzwährung: Lehramtskandidaten bringen ihn in großer Zahl mit, wenn die Klasse während der ➢ Lehrprobe gespurt hat. Vielleicht erklärt sich die Beliebtheit der Schokospeise aus ihrer Verwendbarkeit als Wurfgeschoss.

Notabitur, das: Nach dem Krieg war die Not groß, und also gab es auch ein Notabitur – angepasst an die Fähigkeiten und Bedürfnisse der invaliden Kämpfer und vaterlosen Mädchen. Die so verkürzt Beschulten konnten in der Folge komischerweise genauso gut und schlecht ihr Leben steuern wie die notfrei Absolvierenden. Hätte man damals nicht schon ein wenig ins Grübeln kommen können?

Note, die: eine Art Losnummer, mit tatsächlich auch beträchtlichen, vor allem negativen finanziellen Auswirkungen auf Lebenszeit für die sie erhaltende Person. N. wird nach frei erfundenen Schlüsseln akribisch errechnet und dann im angetrunkenen Zustand willkürlich verändert. N. ist die vielleicht einzige Waffe des ansonsten zum Abschuss freigegebenen ➢ Lehrers. Wer meint, das deutsche Notensystem sehe in der Tat eine Skala von 1 bis 6 vor, der irrt sehr: In Wirklichkeit wird die 1 kaum vergeben «Das wäre ja noch schöner!» und die 6 ist praktisch einer Kapitulation vor rohen Erzeugerinnen und Erzeugern zum Opfer gefallen: «Da kommen sonst die Eltern.»

In Sachen N. gibt es noch allerhand anderes Wirres, z.B. das «Plus», verliehen für alles Mögliche, vom Müll wegbringen bis zum mehrseitigen Fleißtext. Oder individuelle Subsysteme, bspw. «Drei Plus geben eine mündliche (!) Note.» (Müll rausgetragen, Text abgeschrieben, Tafel geputzt = mündliche Note – logo!)

Notenkonferenz, die: stets kaum deeskalierbarer Tumult zum Zwecke der Schuljahresendselektion.

Peinlich wird es, wenn bei der öffentlichen Verlesung der ➢ Noten (manche Schulen machen das: Verlesung ALLER Noten ALLER ➢ Schüler!) herauskommt, dass man einen Schüler benotet hat, der sechs Wochen nach Schuljahresbeginn abgeschoben wurde oder, besser noch, überhaupt nie aufgetaucht ist. Formulierungen wie: «Hab schon gedacht, den Burschen hast du lange nicht mehr gesehen!» helfen nur bedingt, die Blamage abzumildern.

Wie hanebüchen diese Konferenzen ansonsten ablaufen, mögen zwei weitere Anekdoten verdeutlichen. Um die Endnoten, die Namen der zu preisenden und zur Repetition verurteilten Schüler gebeten, verlas eine Kollegin artig die vorbereitete Liste (gleich fünf Schüler blieben hängen), um dann anzufügen, sie schreibe allerdings am nächsten Tag noch eine Arbeit, was egal sei, denn die fünf schrieben «sowieso» immer eine Sechs.

Warum dann die Arbeit? Das Fragewort «warum» führt hier selten weiter, nimm dieses doch wenigstens an, du, meine Leserschaft!

In Kunst erhielt ein Knabe eine Fünf, da er «nicht besonders helle in der Kapelle» sei. Die Nachfrage des ➢ Klassenlehrers, ob sich dieses in den abgelieferten Kunstwerken niederschlüge, führte zu sofortigem Gebrüll und dem wirklich raffinierten Satz: «Ich möchte mit Ihnen keine philosophischen(!) Gespräche führen!»

Und als Zugabe zu den zweien: Es sind im Lande ca. dreißig Menschen mit einem Hauptschulabschluss am Wirken, dessen Noten sie selbst bestimmt haben, da der Lehrkraft kurz vor den Sommerferien das Notenbuch verbrannt ist.

Tom Blech war es nicht, aber er könnte es gewesen sein.

O

Oberaufsicht, die: Irgendjemand hat sie immer über irgendwen, vermutlich irgendwo auch zwei übereinander.

Oberstudienrat, der: Beamter der Besoldungsstufe A14 (Kohle!!!), O. kann man werden, wenn man geduldig im Dienst bleibt und keinen Schüler die Treppe hinunterwirft. Das war es dann aber in aller Regel mit der Karriere. Nicht sehr motivierend? Aber natürlich nicht!

Oberstufe, die: umfasst die letzten drei Jahre vor dem ➢ Abitur. Vielleicht hätte man sich zur Not auch die Zahlen 11, 12 und 13, ja in Zukunft nur noch 11 und 12 merken können – aber nein, der Begriff hat sicher seinen guten Sinn.

Oberstufensprecher, der: ➢ Schüler, der spricht.

Obst, das: sollen die Kinder in der Pause essen, mahnen wir und essen unseren Leberkäsweck zum ➢ Kaffee.

OIB, die: steht für «Orientierung im Beruf», ist ein zweiwöchiges Praktikum des Hauptschulachtklässlers, wo er mal sehen soll, wie hammerhart es in der Wirtschaft zugeht. Meist fegt der Praktikant den Hof, schaut ein bisschen zu oder wird wegen Diebstahls weggeschickt.

Die O. ist für den Lehrer eine nette Zeit.

Oktave, die: musikalische Tonhöheneinheit, die im ➢ Musikunterricht kaum eine Rolle spielt. Die Gründe hierfür sind weniger das von ➢ Musiklehrern so beklagte Ende der Hausmusik, dieses ist vielmehr unter Gesichtspunkten des Lärmschutzes höchst begrüßenswert. Die Gründe sind andere. Ich weiß sie nicht. Niemand weiß sie. Vielleicht wurde immer schlecht gesungen, das ist das Wahrscheinlichste. Vielleicht half das Verhauen schlechtsingender Kinder ja auch doch.

Rührend ist, dass der Musikpädagoge, am Ende seiner Möglichkeiten angelangt, die einzelnen Stationen der Tonleiter gebärdend in den Raum zeichnet, also auf die Gehörlosenkultur rekurriert. Wie wäre es denn, wenn wir uns wenigstens hier der normativen Kraft des Faktischen beugten? Schluss mit Singen! Die Ruhe täte uns wohl!

Organisationstalent, das: Begabung, Dinge zu planen. Wird einem ➢ Lehrer von seinem ➢ Kollegium bereits dann zugestanden, wenn er erfolgreich einen Bus für den ➢ Lehrerausflug organisiert hat. Gönnen wir ihm das, er hat sonst keinerlei Freude im Leben.

Orgasmus, der: dem Niesen verwandte, angenehme Spielart der Epilepsie. Evolutionär sinnvoll, so man ihn hat, erfreulich. Nun aber ist der O. auch durchaus einmal gerne Gesprächsthema im ➢ Unterricht des ➢ progressiven ➢ Lehrers. Da wird verklemmt gestottert und verschämt gekichert. Doof.

(➢ Sexualkunde)

ortskundig (Adj.): o. seien wir, versprechen wir den Eltern vor der ➢ Klassenfahrt und führen ihre Kinder in die Sümpfe.

Osterhase, der: fiktionales Säugetier aus der Familie der mit Löffeln behangenen Nager. Wird in der Osterzeit, besser gesagt fälschlicherweise in der Passionszeit unter ordentlich abgeliefertes Grundschulschreibgut gestempelt, mitunter gar farbenfroh geklebt.

Was ist man als kleiner Mensch stolz auf solchen Schmuck, auch der Weihnachtsstern ab November ist heißbegehrt! Warum stellt man diese schöne Sitte in der Pubertät denn ein? Den Knaben ein schönes Pin-up und den Mädchen ein nacktes Boygroupmitglied, das hielte die jungen Leute bei der Stange. Schon klar: ➢ Eltern.

Overhead-Projektor, der: Man sieht es ihm irgendwie noch an, dass er einmal der letzte Schrei war. O. hat die historische Futuristik von Robotern in Science-Fiction-Epen der 70er Jahre. Und in etwa auch deren Verdienste. Der O. ermöglicht uns, etwas auf transparente Folien Gedrucktes, Gemaltes, von mir aus auch dort Abgelegtes auf eine helle Fläche zu projizieren. Also schaffen wir uns einen Ordner voll Folien an und stellen das Denken ein. Welch bedauernswerte Koinzidenz, dass diese Folien leider nicht zu lesen sind – Schmutz und winzige Schriftgrade sind hierfür zur Verantwortung zu ziehen. Das macht aber nichts, denn der O. geht ja sowieso nicht. Die empfindliche Projektionsbirne verträgt es so bedauerlich schlecht, wenn der O. in der ➢ Regenpause als Torpfosten fungiert. Irgendwann wird er wohl verschwunden sein, der gute alte neue O., die ➢ Tafel aber nicht.

P

Pädagoge, der: macht ➢ Pädagogik und erzieht, was das Zeug hält.

Pädagogik, die: wissenschaftliche, eventuell philosophische Disziplin, in der darüber nachgesonnen wird, wie man denn den jungen Menschen zu was erziehen solle. Ehedem war das ein vergnüglicher Zeitvertreib, denn man konnte einfach ein dickes Buch schreiben, in dem stand, wie man das alles so sieht. Das war die geisteswissenschaftliche P. – was waren das noch für Zeiten!

Heute quält man sich mit Fragebögen oder einer ungeheuer intensiven Betrachtung von Einzelphänomen bzw. Befragung von Einzelpersonen fürchterlich ab, bis man dann ein dickes Buch schreibt, in dem steht, wie man das alles so sieht.

Es herrscht in der wissenschaftlichen P. in nichts Einigkeit, in der alltäglich praktizierten auch nicht.

pädagogische Freiheit, die: (➢ Handlungsspielraum) Wenn man etwas, das man im ➢ Unterricht so treibt und was einen nicht allzu verdrießlich stimmt, ja, was man lehrend liebgewonnen hat, gar nicht mehr begründen kann, dann verweist man am besten auf die p. F., die man habe.

Sie mag es geben müssen, in Nachbargebieten sind wir freilich dankbar, kein Analogon zu finden. So wollen wir, wenn uns das Bein operiert wird, wohl nicht, dass der durchführende Arzt es aufgrund seiner chirurgischen Freiheit einfach abschneidet.

Pause, die: schulisches Äquivalent zum militärischen Waffenstillstand, freilich zu einem solchen nordirischer und also nicht ganz vorhandener Provinienz.

Pausenaufsicht, die: Die komplette Vergeblichkeit und final zur thermodynamischen Entropie zwingende Nichtigkeit des menschlichen Tuns findet in der P. ihre ultimative, tragische Seinswerdung. Der aufsichtführende ➢ Lehrer kann nämlich das, was seine Bezeichnung nahelegt, aus schon dem Alltagsverstand leicht zugänglichen Gründen niemals tun: Als eine Person Aufsicht über etliche Dutzend, nicht selten hundert ihn hassende und in jeder denkbaren Weise täuschende Menschen führen. Dennoch muss er das Unverrichtbare vorgeben zu verrichten und ist in dieser Paradoxie gefangen, ein Spukwesen, jedoch ohne furchterregende Attribute, ein Schatten eines Schattens.

P. wird winters mit Schneebällen beworfen.

Pausenhof, der: ➢ Hof

Pestalozzi, Johann Heinrich: Pädagoge, dessen Ziel die «Erweckung des sittlichen Menschen» war. Das hat, schauen wir uns um, nicht ganz geklappt. Beim Schreiben fällt auf, dass man darüber hinaus überhaupt nicht weiß, was P. eigentlich so Tolles gemacht hat – es haftet so etwas, wie, dass er wohl nett zu Kindern war, was wir freilich nicht mehr überprüfen können. Egal, es reicht für ewigen Ruhm.

Philosophieren mit Kindern, das: Es ist schon richtig: Wenn das Gehirn am Wachsen ist, stellt der junge Mensch beiderlei Geschlechts zunehmend tiefgründige Fragen: «Wo komme ich her? Wohin gehe ich? Und wann ist eigentlich große Pause?»

Nun haben aber wir ➢ Lehrer schon wieder alles richtig beurteilt: Das sind nämlich philosophische Fragen, und wer trägt in der Gesellschaft das Banner der Großen dieser Zunft? Eben: Die Lehrer keineswegs – und trotzdem wird ➢ irgendwie losgelegt. «Jetzt reden wir mal über den Tod – nicht wie in Reli, sondern echt.»

«Kennt ihr den Sinn des Lebens? Ich auch nicht. Da schau mal einer her.»

«Seid ihr jetzt deprimiert? Immer noch nicht? Wir machen weiter.»

PISA-Studie, die: internationaler Wissenstest für Schüler. Ergebnis: Alle sind besser als wir Germanen. Das wussten wir im Grunde ja schon vorher und hauten deswegen in der nicht weit zurückliegenden Vergangenheit alles immer mal wieder kurz und klein, weil uns das eben ärgerte. Aber im Ernst darf schon einmal überlegt werden, ob die Herrschaften Professoren, die die jeweiligen Landesfragen ersannen, alle mit demselben Ziel tätig waren: Was will ein deutscher Professor, niedergeknüppelt von Jahrzehnten in vollen Hörsälen, wo ihm niemand zuhören wollte, endlich beweisen?

Eben: Das junge Volk taugt nichts. Und sein Kollege vom Polarkreis, wo seit Jahrzehnten die gesamten Lebertranerlöse in Bildungstempel fließen und wo man dennoch allenfalls während der Olympischen Winterspiele ein wenig beachtet wird? Genau: Wir sind keine Idioten, die in Bärenfelle und Eiderdaunen gehüllt Hunde schlachten.

Durchaus glaubhaft versichern deutsche PISA-Probanden, die Aufgaben seien ihnen seinerzeit locker, ja quasi als freiwilliges Spaßprogramm präsentiert worden, und also hätten sie sich gar keine Mühe gegeben. Wir ahnen: In der ewigen Finsternis des Nordens könnten die Kinder mit einigem mehr an Drill in die Schlacht geschickt worden sein. Und lassen wir unseren nationalen Ressentiments freien Lauf: Vielleicht kennt ein Schwede seine Dichter besser als ein Deutscher, weil es einfach insgesamt erstaunlich wenige Schweden und immer noch eine schwer zu verkraftende Anzahl Deutscher und deutsch Sprechender (zumindest dies Behauptender) gibt, wodurch es dann auch mehr Dichter gäbe, die man praktisch pro Lebenswerk entsprechend weniger zur Kenntnis nimmt? Ist das vielleicht denkbar? Und allerletzte Frage: Warum sprechen alle über eine Studie, die sie nicht gelesen haben?

Portfolio, das: Im schulischen Selbsthass unterwirft man sich in Zeiten des ethischen Vakuums neuerdings der «freien» Wirtschaft und nicht mehr der Kirche oder dem Militär. Wie in der Wirtschaft müsste Schule organisiert sein, dann liefe alles besser, so rotzen wir einfach mal ein Statement für den Stammtisch daher, der leider nicht stattfinden kann, weil die Kneipe infolge von Wirtschaftspleite pleite ist. Die dafür verantwortlichen Wirtschaftskapitäne auf hoher See haben nämlich dann doch das ein oder andere Rifflein übersehen – von denen also sollen wir Effizienz lernen, zum Beispiel, indem wir ein P. erstellen lassen. Sicher eine gute Idee. Zunächst lernen wir aber erst mal das Wort: Portfolio. Früher: Leitzordner, wo draufstand: «Alles Mögliche».

Poster, das: «Nun gut, ich bin Alkoholiker, und jeder weiß es. Wohlan, die Kinder hassen mich, das ist nicht schlimm, schließlich hasse ich sie auch, bin aber in der Regel zu betrunken, das auszuleben (s. o.). Wie kann ich nun, der ich nicht unterrichte, sondern beschäftige, beim Schulratsbesuch ein humanes, fruchtbares Klassenklima heucheln? Indem die Kinder ihre Poster aufhängen dürfen, nur keine Nackigen oder bewaffnete Rapper.»

So oder so ähnlich entstehen sie, die stets halbabgerissenen Bildwände im ➢ Klassenzimmer. Nach einer Phase der Habituation an das Gewimmel fällt Lehrerin und Lehrer dann nicht mehr auf, dass mittlerweile sehr wohl Gangster und deren entblößte Bräute die Wand verzieren.

Nur in unteren Klassen existiert noch die Variante Pferd und Miezekatze. Diese hat die Biologielehrerin aufgehängt, die Kinder schauen nicht hin.

Prägung, die: Nehmen wir an, wir haben ein Kind aufzuziehen und geben ihm stets, wenn es lacht, eine Maulschelle. Später wird ihm die Backe von alleine brennen, wenn es lustig wird. Das ist dann seine P. Andere Prägungen sind schwieriger einzubrennen. (➢ Mülltrennung)

Preis, der: wird verliehen für ein tadelloses Zeugnis, für gutes Sozialverhalten, für Mitgliedschaft im Schulorchester, Mittun in der ➢ Schülermitverwaltung, in einem persönlich bekannten Fall gar für die «Haltung», was immer die sein soll. Der P. ist sozusagen ein kleines Versöhnungsangebot der ➢ Schule an den ➢ Schüler, das zwar entgegen-, aber in der Regel nicht angenommen wird.

progressiv (Adj.): laut Duden: fortschrittlich, sich schrittweise entwickelnd. Im schulischen Zusammenhang allerdings einmal mehr ein Begriff, der nichts bedeutet, aber auch gar nichts. Er könnte beispielsweise durch «grmpf» ersetzt werden, und wir verlören nichts. Allenfalls eine Art semantischer Restbedeutung mag noch an p. haften und will sagen, irgendwie gut und nicht ➢ CDU.

Projekt, das: P. heißt nur: Jemand macht was. Oder auch: Niemand macht was, denn auch ein P. «Stille» ist überaus denkbar bzw., jede Wette, gab es das schon.

Prügeln, das: untersagte Methode der Kindsformung, die aber von hierin Geschickten immer noch gerne praktiziert wird.

Das geht so: Man bittet den Lümmel zu einem vertraulichen Gespräch vors Klassenzimmer, schließt die Tür, Kontrollblick rechts, links – alles in Ordnung. Nun schlägt man das Kind, bevorzugt so, dass keine Male bleiben. Schlussfrage: «Hast du Zeugen? Wem glaubt man mehr, dir oder mir?» So machen's manche – ehrlich.

Nebenbei bildet P. bei Enttarnung eine der ganz wenigen Möglichkeiten zur Entlassung einer Lehrkraft. Wird daher allgemein kritisch gesehen.

Q

Quader, der: geometrische, dreidimensionale Figur, nur rechte Winkel, aber kein Würfel, kurz gesagt: Backstein. Dessen Kantenlängen, Oberflächen und Volumen muss man im Mathematikunterricht berechnen können. Warum eigentlich?

Quadratwurzel, die: «16 lässt sich durch die Multiplikation der vier mit sich selbst errechnen. Also ist vier die Quadratwurzel von 16. Wiederhole den Satz, Walther.»

«…»

«16 LÄSST SICH DURCH DIE MULTIPLIKATION DER VIER MIT SICH SELBST ERRECHNEN. ALSO IST VIER DIE QUADRATWURZEL VON 16. WIEDERHOLE DEN SATZ, WALTHER!»

«…»

WALTHER!!»

«4 mal 4 ist 16.»

Qual, die: Grund des Ozeans ➢ Schule.

Qualitätsentwicklung, die: Ja, von der Wirtschaft lernen heißt siegen lernen (➢ Portfolio). Also übernehmen wir viele Begriffe, lassen uns von irgendeinem Narren mit roten Hosenträgern über Motivation und so weiter schulen, und dann wird alles gut. Nein, alles wird sogar immer besser: Denn das bedeutet Q.

Durch gezielte Maßnahmen ist es nun gelungen, Dings in ein Bums zu verwandeln, was ein Fallera bedeutet … So wird er der Nation verkauft, der ganze Blödsinn.

Die eine Sache, das wollen wir dann doch erwähnen, die allem unserem Leiden vielleicht abhelfen könnte, die wäre: Geld. Viel Geld. Aber das kriegen die Schulen nicht, nein, das nicht, nix da. Nein. Und nochmals nein.

Quelle, die: Originaltext, im Geschichtsbuch häufig gelb unterlegt. Ist langweilig, wenn man sie liest, wird aber nicht gelesen, ist daher eigentlich nur die Zeilenschinderei nebenberuflicher Lehrbuchautoren mit Eigenheimphantasien.

Querlesen, das: bedeutet eigentlich: nicht lesen. «Ich habe deinen Aufsatz quergelesen und muss sagen …» Nicht hinhören, einfach vergessen.

Quereinsteiger, der: Lehrer, der vorher in einem anderen Beruf nichts geworden ist und die dies verursacht habenden mangelhaften Kenntnisse nun lehrt.

Quetschung, die: Das Phänomen der Q. ist schulisch gesehen wahrlich eines: Warum ist trotz Zuwachses an Schuss- und Stichverletzungen so etwas Amorphes wie die Quetschung die häufigste schulische Verwundung? Man quetscht sich überall, zwischen Tür und Rahmen, im Zirkel, am Fenster, ständig brüllt jemand was und schüttelt ein Glied. Vielleicht ist doch was dran an dem Eso-Zeug vom morphogenetischen Feld, autsch, aua, Schule aus.

Quiz, das: profan: eine Frage-und-Antwort-Spiel. Im schulischen Kontext: ein Wunder. Denn wenn man eine Klasse zu bändigen sucht, die noch nicht einmal bei vorgehaltener Waffe einknickt, dann veranstalte man ein Q. Dieser Denk- oder Ratewettbewerb wird von den ➢ Schülern so unbegreiflich gerne gemocht, dass man eigentlich aus allem ein Q. machen sollte, wie das ja der Unterhalter Hape Kerkeling schon vor langer Zeit visionär gefordert hat.

Warum ist das so? Haben die jungen Menschen am Ende doch einen guten Kern? Eher nein, es geht ja um nichts Gutes: Man kann gewinnen, also werden andere verlieren. Und das freut uns, das reicht aus, um uns ehrlich zu faszinieren.

Eben waren Tobi und Marvin noch die besten Kumpels, nun sind sie in zwei verschiedenen Gruppen, denn einer sitzt rechts und der andere links, und der ➢ Lehrer hat die Klasse geteilt wie weiland Moses das Rote Meer. Jetzt geben Tobi und Marvin beim «Vokabelquiz» alles, um die Gruppe des jeweils anderen zu schlagen, ja, das ist mitunter auch wörtlich zu nehmen! Ein Q. kann durchaus mal in eine Prügelei münden.

R

Referendariat, das: im Ziel an der militärischen Grundausbildung orientiert: Es geht darum, den Lehrer werden wollenden Menschen, der im System funktionieren soll, zunächst einmal zu zerbrechen, um ihn dann passgenau unter Weglassung einiger Teile (Selbstachtung, Stolz, Vernunft ...) neu zusammenzusetzen.

Das Referendariat dauert je nach Schultyp 1,5 bis zwei Jahre. Allmählich, so wie man den Körper an hartes Gift gewöhnen kann, ist es eben auch möglich, das Unterrichten und seine vielen beikommenden Destruktionen erträglich scheinen zu lassen.

Die erste selbstgehaltene Unterrichtsstunde ist oftmals ein Schock und soll das auch sein. Das liebevoll gebastelte Material wird von den ➢ Schülern zerrissen, zertreten, aufgegessen – die Versuche, dieses zu unterbinden, erzeugen Heiterkeit. Der erfahrene Lehrmensch sitzt hinten auf der letzten ➢ Bank, macht Notizen und schüttelt den Kopf. In der Nachbesprechung wird nun in ungewohnter Akribie alles, was der Nachwuchspädagoge gemacht hat, zerpflückt. Alles: wie er stand, wie er redete, dass er schwitzte, was er plante, was er schrieb, austeilte und einsammelte, wann und weshalb.

Das Ziel kann hierbei gar nicht sein, dass der oder die allmählich in den Staub Sinkende die kardinalen Kritiken annimmt und produktiv umsetzt, weil das niemand kann. Das Ziel ist (s. o.) totale Einschüchterung. Wenn es dann so weit ist, dass der Neue sich nichts mehr zutraut, dann können wir ihn behutsam aufbauen – gleichsam entkernt. Er wird nicht mehr frech werden, sondern sich einfügen und leiden wie wir. Das hilft uns zwar nicht, aber es freut uns. Schließlich hat man es mit uns damals auch so gemacht.

Reform, die: Neuerung, Umgestaltung – im Schulwesen allerdings, obwohl ständig und überall in aller Munde, zu vernachlässigen: nichts dran, alles Quatsch. Reform der Reform der Reform der Reform. Ein Mantra, das uns den leeren Kosmos des schlafenden Buddha zeigt. Immerhin.

Regenpause, die: eines der nicht wenigen Privilegien des ➢ Hausmeisters. Wenn es regnet, regnen könnte oder der Hausmeister einfach denkt, es wäre nun nützlich, amüsant, mal was anderes, wenn es trotz strahlend blauen Himmels regnete – dann drückt er einen Knopf, und es ist nicht ➢ große Pause, sondern R. Die ist zum selben Zeitpunkt wie Erstere und hat dieselbe Dauer, ist aber an entscheidenden Punkten doch ganz anders:

1. Bei der R. bleibt die Klasse im ➢ Klassenzimmer, gerät also restlos außer Rand und Band, komplett.
2. Hierbei hat ein ➢ Lehrer anwesend zu sein, was freilich nur die wenigsten Kollegen auf sich nehmen – und das ist höchst verständlich. Nur, wenn dann mal was passiert, hilft nicht mal mehr die vorab erteilte ➢ Belehrung. Also ist die R. die einzige Pause, deren Ende im ➢ Lehrerzimmer geradezu herbeigesehnt wird.

Religionslehrer, der: die allerärmste Sau im Stall. Fassen wir die Basis seines Seins zusammen: ➢ Christentum, wir sprachen davon, es prosperiert nicht unbedingt derzeit. Arbeitgeber Kirche, so unser Armer denn ein R. kirchlicher Entsendung ist,

ist zunehmend pleite. Arbeitgeber Staat, so der ➢ Pädagoge staatlichen Dienst schiebt, geht es wie der Kirche. Erteiltes Fach wird seit Generationen nicht ernstgenommen. Der Religionsunterricht ist selbst in Zeiten, als Schule noch irgendwie etwas galt, der Ort gewesen, wo sich der Schüler mehr oder weniger folgenlos mit privater Lektüre, freundschaftlichem Parlando oder Zeichnungen fragwürdigen ethischen Gehalts beschäftigte.

Diese nun also gar nicht mehr zu übertreffende Paradoxie – Inhalt des Faches: die letzten Dinge versus Phänomenologie des Faches: Reli ist scheiße, aber easy – zerreißt den ➢ Lehrer.

Also gibt es ihn meist in zwei Ausprägungen: zerlitten, ölig grinsend, schlecht angezogen und angeblich glücklich verheiratet. Oder als Haudegen, der sich lieber «Highway to hell» auf die Arschbacke tätowieren lässt, als dass er auch nur ein bisschen wie ein Religionslehrer aussieht. Vokuhila, New-Beatle, angeblich Hardrockfan – aber eben doch auch Christ, denn man kann beides sein: cool und Christ!!! Man höre und staune.

Religionslehrerin, die: Nein, bei ihr ist es anders als beim männlichen Pendant. Zwar gibt es auch unter den verehrten Damen, die das Schindwerk verrichten, noch den bigotten Blaustrumpf ohne jede Chance auf Wahrgenommenwerden, es sei denn als Zielscheibe für geworfenen Unrat. Die meisten R.nen verleihen sich freilich gerne etwas moschushaft Sinnliches, ja Verderbtes. «Ich habe ein sinnliches Verhältnis zu meiner Religion.» Ob Gott das will?

Religionsunterricht, der: wurde auch schon beim ➢ Religionslehrer mitbesprochen, beschränken wir uns also auf Thematisches: Da der Anteil religiöser Lehrkräfte und Schüler im Zuge der kompletten Entgottung der westlichen Hemisphäre im unteren einstelligen Prozentbereich siedeln dürfte, spielt christliche Religion im Unterricht eine eher untergeordnete Rolle: Wir plaudern vielmehr über alle anderen Religionen, die wir, um nur ja gut zu sein, alle ganz prima finden. Wir sprechen über Leben und Tod, über Letzteren wissen wir nicht viel zu sagen. Das Gewissen beschäftigt uns so manche Stunde, vor und nach dieser allerdings gar nicht. Wir wollen vor allem ein vertrauensvolles Miteinander leben! «Ihr dürft eure Musik mitbringen und wir schauen ➢ Filme!»

Ritalin, das: hartes Narkotikum, wohl ursprünglich angemischt, um Unholden den Trieb einzuebnen und galoppierender Nymphomanie einen Riegel vorzuschieben. Heute jedoch tonnenweise zappeligem Kindsvolk (➢ Hyperaktivität) verabreicht. Hirnschäden durch Ritalin sind bekannt und ergo wohl auch erwünscht.

Rituale, die (Pl.): sind wichtig. So gedeihen die Kinder beispielsweise – sagen wir – 11,5 Prozent besser, wenn man jeden Morgen das gleiche Lied singt. Jeden Morgen. Und nach der ➢ großen Pause wird ein bisschen meditiert. Und dann ein ➢ Diktat.

Ruhephase, die: Nickerchen mit theoretischem Background.

rumschreien: wichtige Kulturfertigkeit des ➢ Lehrers. Lernt er daher in der Ausbildung im Fach «Sprecherziehung».

S

Sanitätsraum, der: ursprünglich mal für Kinder mit Verletzungen (➢ Quetschung!) vorgesehen. Ist gleichzeitig aber auch seit längerem der Raum des Konrektors, weil der der Rektorin gesagt hat, dass sie doof ist, und also verbannt wurde. Infolgedessen ist die Pritsche für das verletzte Kind ein informelles Aktenlager.

«Dann setz dich dort auf die Heizung, wir legen eine Zeitung unter, das Blut tropft schließlich aufs frische Laminat.»

Bald kommt der ➢ Arzt.

Schildkröte, die: Dieses eierlegende Kriechwesen (nicht zu verwechseln mit dem ➢ Streber, auch dieser kriecht, legt aber keine Eier, es sei denn, der Lehrer befiehlt es) steht hier stellvertretend für die vielen Kleintiere, die mit pädagogischem Eifer und übrigens gegen jedes Seuchengesetz in ➢ Klassenzimmern gehalten werden und von den minderjährigen Zwangspaten in der Regel rasch – «Wer hat eigentlich wann zum letzten Mal die Sch., das Häschen, die Ratte, gefüttert?» – ins Jenseits befördert werden.

Schlüsseldienst, der: ein klägliches Ehrenamt. Man nehme einen pünktlichen, leidlich willigen, aber ein wenig dummen ➢ Schüler, der gar nicht auf die Idee kommt, zu was so ein Lehrerschlüsselbund, inkl. Privatwohnungs- und Autoschlüssel, alles gut sein könnte.

Pünktlich zum Unterrichtsbeginn hat sich der Sch. am Lehrerzimmer einzufinden und unseren geworfenen Bund zu fangen, dann schließt der Sch. der ihn verhöhnenden Klasse das ➢ Klassenzimmer auf und hütet den Schlüssel, bis wir dann irgendwann kommen. Er bekommt wenig Dank.

Schlüsselkompetenz, die: etwas ganz anderes als der ➢ Schlüsseldienst! Nämlich die Kompetenzen, die uns in die Lage versetzen, unser Leben zu meistern! Jawoll! Und die sind … äh … War das nicht schon wieder so was mit Informationen beschaffen können, plus Vernetzung und Dings … Teamfähigkeit? Ja? Hallo!

Schrank, der: ist alt, lässt sich nicht schließen und steht in unserem Klassenzimmer. Daher wollen wir einen neuen, den kriegen wir nicht, kein Geld, so pariert die ➢ Schulleitung souverän unseren Vorstoß. Der Hausmeister, nach mehrmaliger Anfrage, bekundet, er könne den Schrank schließen, dann sei er aber dauerhaft zu, weshalb man ihn leeren möge. Wir schlagen vor, man könne, wenn schon, den Schrank nach der Leerung entfernen, denn dann könnten wir das Entleerte auf einen Haufen an des Schrankes Stelle tun. Das geht nicht, erfahren wir, denn ein Schrank pro Zimmer sei Vorschrift, zumindest vermutlich.

Inzwischen quetscht sich Dustin an der schwingenden Schranktür die Finger, ja die ganze Hand, (➢ Quetschung). Wir müssen einen Bericht schreiben.

Schreibprozesse, die (Pl.): Entdeckung der letzten Jahre, Analogon zur naturwissenschaftlichen Quantenmechanik:

1. Beim Schreiben tut sich das ein oder andere im Hirnstüberl, lasst uns alle miteinander drauflosraten, was!

2. Noch der letzte Schreibsklave im Arztroman-Syndikat hat die Möglichkeit, den zusammengeschusterten Stuss zu überarbeiten – einzig das Schulkind muss den ➢ Aufsatz nach 45 Minuten zur Aburteilung freigeben. Lasst uns alle miteinander daran etwas ändern, aber nur ganz wenig.
3. Wir machen zwar ständig und schon lange Noten, aber wir wissen nicht, nach welchen Kriterien, und außerdem können wir selbst nicht schreiben. Lasst uns darüber ein andermal sprechen.

Schulabschluss, der: ➢ Abitur, ➢ Abschluss

Schulaufsicht, die / Schulamt, das: sinnlose, aber mächtige Einrichtung, die sicherstellen soll, dass die Schulen des Bezirks beispielsweise mit ausreichend ➢ Lehrern versorgt sind. Das gelingt nie. Das Schulamt oder mancherorts heute: die Unterabteilung des Landratsamts (ätsch, degradiert) ist aber auch Ansprechpartner des einzelnen, vom ➢ Schulleiter geknechteten Lehrmenschen. Dem Ansprechen folgt freilich nichts. Ferner hat ein staatliches Schulamt die Aufgabe – ein weiteres Exemplum – einen Lehrer, der sommers wie winters zum Zwecke der Ausnüchterung die Nacht auf der Weichbodenmatte im Gymnastikraum verbringt, zur Räson zu bringen. Hier sind ebenfalls so gut wie keine Erfolge dokumentiert. Traditionell hat das SSA (wir konstatieren peripher eine bemerkenswert geschichtsresistente Abkürzungskultur im schulischen Umfeld) auch noch das Recht, freche Lehrersleute hart zurechtzuweisen und zu bestrafen. Das klappt schon eher.

Schule, die: steinernes, selten hölzernes Chaosfraktal, historischer Zufall, kultureller Tumor, größter Arbeitgeber der erschöpften Republik. In ihr findet alles, wovon wir hier lesen, statt. Und so vieles mehr.

Und so vieles nicht.

Schuleingangsuntersuchung, die: soll Eignung des Kindes zum Schulebesuchen klären: «Fass dir ans Ohr, steh auf einem Bein, zupf dir an der Nudel. Siehst du mich? Willst du wohl hören? Kann eingeschult werden.»

Schulen ans Netz (Parole): Die Zeit rast dahin, und es scheint, als wäre es gestern gewesen, doch liegt es schon über zehn Jahre zurück, als die Amtsnachrichten in die Spinde der Lehrersleute flatterten: «Schulen ans Netz ... den Anschluss ans Internet nicht verpassen ... Fördergelder gibt's auch ... mit Engagement das neue Med...»

Ab hier wurde dann nicht mehr weitergelesen. Kaum später als zum Millennium, und kurz bevor es eben schon wieder altmodisch wurde, waren sie dann dran am Netz. Inzwischen haben viele Schulen Homepages und eine E-Mail-Adresse. Wer die benutzt, braucht viel Geduld.

Schulentwicklung, die: HAHAHAHAHAHAHAHAHAHAHA!

Schüler, der: kein Mensch, sondern eine Rolle. Das merkt der Lehrmensch, wenn er einen Sch. privat trifft, gar in einer Notsituation. Der Sch. erweist sich als ansprechbar, ja, er kann sogar selbst sprechen und ist überdies hilfsbereit. In der ➢ Schule ist das ganz anders. Da muss der Schüler böse sein, das spürt er und das nimmt er an. Und, liebe ➢ Eltern, er IST böse. Er haut, zotet, keift, kneift, will nichts lernen. Nein, es ist nicht so, dass man das doch zu Hause merken müsste. Doch, es war tatsächlich euer

Justin, der «ficken» ins neue Furnier gekerbt hat, mag er auch bei den Pfadfindern sein, und es ist eure Eleonora, die in der großen Pause Apfelkorn im Keller trinkt.

Schüleraustausch, der: «Das ist Jean aus der Normandie, er wird jetzt für drei Wochen euer Schulkamerad. Und Jean kann auch ein wenig Deutsch, nicht wahr?»

«'eil, 'itler!»

Schülerausweis, der: einigermaßen klar: Ausweis eines Schülers. Dennoch ein spektakuläres Dokument, da es ja vollkommen der Phantasie überlassen ist, wie ein solcher pro Stadt oder Schule aussieht, und auch keinerlei modernes Chipzeug o. Ä. die Wahrheit verbürgt.

Dennoch ist das Folgende selbst erlebt: Schüler B. hat seinen Personalausweis verloren, und der Bus mit achtzig Schülern steht im Niemandsland zwischen britischer Grenze und dem tobenden Kanal. Eine Reihe königlicher Scharfschützen hat uns im Visier. Da zeigt B. seinen Schülerausweis – und anstandslos geht die Reise weiter. Rule Britannia! Britannia rule the waves!

Schülervertretung/Schülermitverwaltung (SMV), die: Gremium, das die Rechte der Schüler wahrnehmen soll. Organisiert Discoabende.

Schülerzeitung, die: natürlich extrem lobenswerte Schülerinitiative. Also sehr selten und dann auch ziemlich doof. (➢ Abiturzeitung)

Schulfahrt, die / Landschulheim, das etc.: Ballermann für Kinder und Jugendliche. ➢ Lehrer sind hinterher irgendwie stolz, es überlebt zu haben. Falls sie es überlebt haben. (➢ Studienfahrt)

Schulferien, die: längerfristige Unterbrechung des Stundenplans. Nein, jetzt kommt nicht, dass Lehrer zu viele Ferien haben, auch nicht, dass sie in der Zeit der Kindsferien ➢ Lehrerfortbildungen machen sollen! Und wenn ihr, liebe Kolleginnen und Kollegen, wollt, dass das zu diesem Stichwort so bleibt, dann schickt mir Geld.

Schulfest, das: kommerzielle Veranstaltung (➢ Förderverein), bei der sich der eigentliche Zweck, der schnöde Mammon, hinter einem mehr oder weniger gelungenen Kulturprogramm verbirgt. Dieses gestalten ➢ Lehrer mit ihren Klassen. Wurfbuden, krude Tänze, Verkaufstände mit als alkoholfreien Cocktail getarntem Aldi-Eistee beherrschen die Szene. Manche Lehrer machen freilich gar nichts, sind einfach da und bezeichnen sich als «Springer».

Schulgebäude, das: Bauwerk, in dem Unterricht stattfindet. Ist entweder alt und dunkel oder neu und hässlich. Speziell in den goldenen 70ern haben die Architekten der noch geteilten Nation allerorten ganze Arbeit geleistet. Wüste Betonkraken wurden über Brachland (oder auch bebautes Land ➢ Wirtschaftsgymnasium) gesetzt, und dabei wurde praktisch alles falsch gemacht: Mal ist der Lichtschalter in der hinteren letzten Ecke; ➢ Lehrer oder ➢ Schlüsseldienst müssen sich an einem Wintermorgen also zunächst einmal durch den Raum tasten, und/oder die Räume sind viel zu klein, die Akustik verheerend, daran ändert auch der – selbstverständlich ruck, zuck restlos versiffte – Teppichboden nichts.

Fast planvoll scheint man im Sch. hinsichtlich klimatischer Zustände vorgegangen zu sein, auf dass möglichst viele Zimmer im Winter zu kalt, im Sommer zu heiß seien.

Aber nicht alles geschah aus Absicht, manches eben auch Unbedachtheit. So gibt es in der Bundesrepublik (mindestens) eine Hauptschule, wo der Architekt erst kurz vor Ende des Baus bemerkte, dass er die benötigte Großraumküche (➢ kochen) vergessen hatte. Diese Schule hat nun als immerwährende Besonderheit: eine eigenartig gestauchte, fast würfelförmige Turnhalle und eine zehn Meter hohe Schulküche.

Schulgesetz, das: juristische Grundlage für so manchen Unfug. Ergänzt wird das Sch. für die Mehrzahl der ➢ Lehrer noch durch das Beamtenrecht. Die ➢ GEW erleichtert uns das Leben, indem sie in ihrem jährlichen Handbuch die wichtigsten Neuerungen bekanntgibt, diese vor allem erklärt. Das ist nötig, obwohl der Referendar auch eine Schulrechtsprüfung ablegen muss, denn er weiß nach dieser auch nicht viel.

Letztlich einzige Erinnerung des Autors: Einer der dort besprochenen Fälle beschrieb das Dilemma zweier Kollegen unterschiedlichen Geschlechts auf ➢ Klassenfahrt, die, am Ort der Verrichtung angelangt, feststellen mussten, dass ein Zimmer fehlte. Nun war guter Rat teuer. Schließlich einigten sich die ➢ Pädagogen, man könne ja auch die kurzen Nachtstunden (letzter Kontrollgang drei Uhr morgens, Frühstück um acht) notfalls gemeinsam verbringen. Da die beiden aber nicht verheiratet waren und irgendein ➢ Schüler alles petzte, wurden sie gefeuert. So schnell kann das dann doch mal gehen. 50er, 60er, 70er Jahre? O nein, ihr lieben Leute, das ist noch nicht so lange her!

Schulgottesdienst, der: ➢ Christentum

Schulhaus, das: ➢ Schulgebäude, ➢ Dorfschule

Schulhof, der: ➢ Hof

Schuljahr, das: fängt im Herbst an und dauert ewig. Orientiert sich merkwürdigerweise nicht am Kalenderjahr.

Schulklasse, die: Schicksalsbund junger Menschen, der im Leben eigentlich nur vom Eheschluss übertroffen wird, freilich noch unbedachter als dieser, nämlich zufällig eingegangen. Irgendwann freundet man sich in jeder Schulklasse auch mit irgendwem ➢ irgendwie an. Ja, man verliebt sich in der Regel auch an Ort und Stelle, das macht die Sache einfacher, und man hat ein Alibi für daheim. («Samantha und ich lernen zusammen.»)

Am Schluss ist es vorbei, die Wege trennen sich. Man verspricht sich, in Kontakt zu bleiben, und das gelingt einem auch in den ersten Wochen. Dann fragt man sich, wie man mit diesen Menschen so viel Zeit verbringen konnte, ohne wahnsinnig zu werden, und lässt die Sache einschlafen. Trifft man sich bei einem Jubiläum wieder, findet man die Schule rückschauend gar nicht so schlecht. Das ist das größte Wunder dabei.

Schulleitung, die: Vorgesetzte der Lehrkräfte. Macht Radau und den ➢ Stundenplan, arbeitet in den Ferien, sagt sie. Hat ➢ Autorität, glaubt sie. Kann etwas bewegen, in der Regel ein Möbelstück und ein Kraftfahrzeug (➢ Direktor).

Schulmusik, die: steht zur Musik im selben Verhältnis wie der elektrische Stuhl zum Stuhl an sich.

Auf beiden Stühlen sitzt man, aber unterschiedlich gern.
Beide Musikarten hört man, aber s. o.
Stuhl und Musik machen das Leben leichter und schöner.
Ihre finsteren Geschwister vernichten es.
(➢ Musiklehrer)

Schulordnung, die: juristisch nicht bindendes und insofern eigentlich obsoletes Regelwerk zur Aufrechterhaltung der schulischen Ordnung. Wird hin und wieder zur Bestrafung von ➢ Schülern eingesetzt, die die Sch. dann abschreiben müssen.

Schulsprecher, der: Man könnte es sich nun leichtmachen und auf ➢ Unterstufensprecher und ➢ Oberstufensprecher verweisen. Ja, und warum soll man es sich eigentlich nicht leichtmachen?

Schulstress, der: psychische und physiologische Reaktionen aufgrund der Hürden des Schulalltags. Wird interessanterweise immer von jenen ➢ Schülern am intensivsten, ja qualvollsten empfunden, die überhaupt nichts tun. Und natürlich von vielen ➢ Lehrern.

Schuluniform, die: britische Tradition der Einheitsverkleidung von Schülern, die nun schon bald in Deutschland alles richten soll. Besonders kühne Vordenker aus der mittelständischen Wirtschaft visionieren zusätzlich einen zumindest teiluniformen ➢ Pädagogen hinzu, da dessen fleckige ➢ Jeans möglicherweise den Ausgangspunkt des bundesrepublikanischen Bildungsinfarkts darstelle. Wenn man das deutsche Mädchen dann zum Kopftuch verdonnert, klappt auch die ➢ Integration.

Schwamm, der: hier der Tafelschwamm, nicht der Fleck auf der Außenmauer, der uns, kraft seiner Sporen, diskret ins Jenseits befördert. Der Sch. erfüllt nur selten seinen Zweck, erläutert ist dies schon unter ➢ Tafel, ➢ Kreide.

Vor allem ist er ein liebenswerter Wurfgegenstand. («Schwammschlacht», nicht zu verwechseln mit der «Schlammschlacht», die findet im ➢ Lehrerzimmer statt). Oft ist der Sch. auch weg. ➢ Schüler verstecken ihn, um dann hündisch zu fragen, ob sie einen neuen Sch. holen sollen. Das dauert dann rätselhafte dreißig Minuten.

Zuletzt ist der Sch. wahrscheinlich die größte denkbare Ansammlung von Bakterien in einem ➢ Quader seiner Größe.

Schwimmunterricht, der: schulisch organisiertes Überlebenstraining im Wasser. Findet angesichts dessen, dass immer weniger Kinder schwimmen können und also umso häufiger ertrinken (man sollte ihnen also zumindest sagen, dass sie nicht schwimmen können ...), erstaunlich selten statt.

Ist halt auch ein Kreuz: anziehen, ausziehen, duschen und das alles noch irgendwo in einem Bad. Laut ist es auch am Beckenrand, und so ich eine weibliche Lehrkraft bin, spannen die Jungs nach meinen sekundären Geschlechtsmerkmalen.

Macht alles keinen Spaß.

Seepferdchen, das: Wenn dann aber doch mal geschwommen wird, ist es erstaunlich, wie willig sich Grundschüler um ein läppisches Leistungssymbol, das S., bemühen (➢ Quiz, ➢ Joker), denn es bringt nichts. Und möglicherweise ist das das Geheimnis: Wenn es um nichts geht, geht es, und es ist nichts. (➢ Nachspiel)

Sekretariat, das: multifunktionaler Raum, wo von der Blutstillung über die korrekte Verwaltung aller Daten aller in der Schule befindlichen Opfer-Täter-Konglomerate bis hin zur zeitweisen Verwahrung von gänzlich entsitteten Grundschülern alles rasch und dennoch gründlich getan werden soll. Die im S. eher kämpfende denn arbeitende Sekretärin hat zwei Möglichkeiten. Entweder sie geht an diesen vielen Aufgaben zugrunde, fängt mindestens das harte und bodenlose Trinken (➢ Alkoholismus) an – oder verwandelt sich in ein Raubtier, das sein Revier verteidigt. In letzterem Fall ist es für den ➢ Schüler erquicklicher, auf dem Bürgersteig auszubluten, und für die Lehrerschaft ersprießlicher, alle statistischen Daten ihrer Zöglinge selbst zusammenzutragen, als dass man stattdessen das S. aufsucht.

Sexualkunde, die: (➢ Orgasmus) Aufklärungsunterricht, in dem die Kolleginnen und Kollegen (vollkommen informierten) Zöglingen mit unfrohen Graphiken verdeutlichen, dass das Schwesterlein, das da unterwegs ist, so ähnlich entsteht wie das, was man beim Sonntagsei angeekelt aus dem Dotter fummelt.

Bliebe es bei dieser mechanistischen Sichtweise, wäre ja noch manches in Ordnung – wie alles rein Faktische vergäßen wir den schulischen Inhalt, und wenn es dann einmal erotisch wird, fallen wir übereinander her, als hätte es den Kultivierungsversuch nicht gegeben. Aber ach: Wir erklären den Kindern mit – eben doch – verklemmten Worten, wie schön und innig das sei, wenn Mann und Frau ... ihr versteht schon.

Wie viel Lust hat ihre Erfüllung nicht gefunden, weil plötzlich vor dem inneren Auge der struppige Bart von Biologielehrer Schulz auftauchte? Weil man an die Abbilder der wichtigsten Geschlechtskrankheiten im Biologiewerk der achten Klasse denken musste, zwanghaft, wie es der traumatisierten Seele eigen ist?

Weil man just daran erinnert wurde, wie Diakonin Huber in ➢ Religion (!) getröstet hat, eine spontane Erektion von Zeit zu Zeit sei normal und kein Grund, sich zu schämen – zumindest nicht sehr.

sich melden (reflexives Verb): gänzlich inaktiv am Unterricht teilzunehmen ist fast noch unerträglicher, als ab und an mitzutun. Das gelegentliche Aufzeigen, dem stets der Lehrertadel «nicht schnipsen» folgt, ist der einzige Schutz vor Tiefschlafattacken oder Amokschüben, angesichts von 45 Minuten Frage-Antwort-Ritual ohne die geringste Wissensprogression. So erklärt es sich auch, dass sich nicht selten Schüler melden, die überhaupt keine Antwort wissen. Wenn man nämlich eine weiß, ruft man sie sinnvollerweise einfach hinein – auf Gerechtigkeit des Lehrers beim «Drannehmen» zu hoffen ist so vergeblich, wie in der Schule insgesamt Gerechtigkeit zu erhoffen. Aufgerufen werden drei Mädchen, die immer mitmachen, und der Sohn vom Zahnarzt.

Siezen, das: Uneinheitlich gehandhabte Gunst der letzten Schuljahre. Aus: «Blech, raus, halt die Klinke fest.» wird: «Tom, verlassen Sie das Zimmer und wehe, Sie rauchen!» Der dahinterliegende Gedanke, den Zögling durch offiziellere Ansprache gleichsam zu offiziellerem Verhalten zu verführen, lässt sich in sonst gleichgebliebenen Kommunikationsstrukturen nicht realisieren. Hier Frechheit, Geschwätz und Lüge, dort Befehl, Kränkung, ➢ Hass. Immerhin wissen wir so: Alles Schlechte lässt sich auch «per Sie» erledigen.

Sozialpädagoge, der: oftmals ganz zerlittene Person. Der ➢ Lehrer kann wenigstens strafen, selektieren, wie kaum ein anderer das junge Leben frühzeitig verstellen. Der S. indes soll in Amt, Heim, Hort oder auch auf der Straße sinnvoll auf jugendlichen Irrsinn einwirken. Entweder er zerbricht rasch daran, oder er wird – entgegen seinem Auftrag – zum Freund des Kindes, was in diesem Fall heißt, dass er ihm Zigaretten anbietet und vielleicht auch mal ➢ Kaffee spendiert; wenn nicht Ärgeres (➢ Alkoholismus).

Spickzettel, der: illegaler Zettel mit den wichtigsten Informationen für eine ➢ Klassenarbeit. Zieht nach Entdeckung ein «Ungenügend» nach sich. Das ist so weit ganz sportlich und wird von den jungen Menschen sogar akzeptiert. Wunder nimmt allerdings die zutiefst moralische Empörung des Lehrers, wenn er S. findet. Er hat es doch früher genauso gemacht. Ja, jeder Lehrer war doch Schüler! Ist das vielleicht der Schlüssel (➢ Schlüsseldienst, ➢ Schlüsselkompetenz) zum ganzen Elend?

Spiralcurriculum, das: ein Lehrplan, der nicht linear, sondern eben spiralförmig angeordnet ist. Soll heißen: Wir behandeln jedes Jahr das gleiche Thema, aber auf immer höherem Niveau.

Dem Begriff wäre gänzlich der Boden entzogen, hätte man sich auf einen Terminus wie «jährliche Wiederholung» oder einfach eine Sammlung mit dem Titel «Lernen die nie» geeinigt. Aber Einigung setzt den Willen zu derselben voraus, und den haben wir nicht, schon gar nicht, wenn es sich nach nichts anhört, worauf wir uns einigten.

Dagegen das S.! Irritierend gynäkologisch klingt es, aber vielleicht gerade dadurch auch quasi steril, etwas Hundertprozentiges brummt in den [r]-Lauten, und vom glockenhellen [i] immer mehr hinunter ins raunende [u] zu artikulieren suggeriert einen Einschluss von Bedeutung, etwas Gültiges, Gutes. Wie anders klänge es, sagten wir ehrlicherweise einfach: «Humbadumpfballera!» Und wie viel wahrer wäre das.

Sportunterricht, der: ein Fach, das – die Lieben, die es studiert haben, mögen mir verzeihen – den Geist des ➢ Schülers nicht weiter beansprucht. Ist ja auch nicht, obwohl häufig anders behauptet, Sinn der Sache. Trotzdem, die jungen Menschen werden immer runder, Sport muss sein.

Zwischen zwei Extremen der ihn Abhaltenden siedelt der S.: Da wäre zum einen der Sportlehrer von modester Motivation: Er lässt neben dem Geist auch den Körper des Schülers überwiegend in Ruhe. Veteranen der Zunft können ein halbes Jahr Sportunterricht auch mal mit einem Fußball rumkriegen. Das ist vielleicht faul, aber eigentlich ganz sympathisch.

Zum anderen befinden sich unter den Sportlehrern aber auch Ex-Athleten, die Großes vorhaben und erst zufrieden sind, wenn der dicke Klaus mutig einen Salto schlägt. Man kann das Martinshorn geradezu hören.

Ansonsten ist der Sportunterricht von Auf- und Abbau geprägt:

«Fünf vierstöckige Kästen, drei Weichbodenmatten (➢ Schulaufsicht), vier Medizinbälle! Hopp, hopp, hopp!» Die Trillerpfeife zerfetzt das Innenohr, die Stunde ist rum. Natürlich ist dem Sportlehrer sein Feldwebelimage bekannt, ja, teilweise ist er stolz darauf und unterbietet das unterstellte intellektuelle Niveau sogar gekonnt. Wie sagte einst einer: «Wir machen jetzt einen 1000-Meter-Lauf, und ich will KEINEN sehen, der der Letzte ist.»

Alles in allem wird der S. als kein «richtiger Unterricht» gesehen – sowohl von Schülern als auch von den Kollegen Nichtsportlern. Letztere lachen sich ins Fäustchen, wenn die Herren und Damen mal wieder Maßbänder, Stoppuhren und Startklappen suchen, um nur drei der klassischen Sportlehrerutensilien zu nennen, die rätselhafterweise pausenlos verschwinden.

Stoffverteilungsplan, der: Wie verteile ich den Unterrichtsstoff nur richtig übers Schuljahr? Bis Weihnachten die «Räuber» und Kommasetzung, dann alles andere.

Streber, der: Schüler, der fleißig, heutzutage ➢ hochbegabt und darüber hinaus mit einer ihm gnädig verborgenen übermäßigen Schleimproduktion gesegnet ist. Gar nicht mal immer, aber natürlich schon oft, trägt er reihenweise Einsen nach Hause. Dort bleibt er dann, weil ihn niemand zum (Primarstufe) Spielen, (Sekundarstufe 1) Rauchen und Trinken, (Sekundarstufe 2) Rauchen und Trinken abholt.

So gelangt der S. einsam, aber körperlich zwangsweise seltsam unversehrt durch seine Schulzeit. Perlmuttern schimmert seine Haut in den Scheinwerferkegeln der Schulbühne, wenn er sein tolles Abschlusszeugnis entgegennimmt, linkisch bewegt er sich zurück ins Glied, keine Hand rührt sich zum Applaus, der doch das Einzige wäre, was er hat.

Warum wird man S.? Zumal ihn ja, zugeben, Kollegen!, nicht einmal wir Lehrer so richtig mögen?

Nun, hier einmal mehr muss man den ➢ Eltern einen gewissen Anteil am sozialen Bankrott der Leibesfrucht zuweisen, nehmen wir sonst unsere Schuld auch in allem an, wir sind es ja gewohnt. Aber die Zuweisung geschieht im Stillen! (➢ Elternabend)

Streitschlichter, der: Das Wort sticht heraus, denn es transportiert im ersten Morphem endlich einmal die Wahrheit: Streit, jawohl, der herrscht, und zwar vom Ministerium hinunter bis zum rechtschreibgeschwächten Kevin aus der 6b. Aber damit endet die schöne Wahrheit schon wieder. Vom Schlichten keine Spur. Es kann doch nicht wirklich jemand ernsthaft der Ansicht sein, dass betroffenes Geschwätz mit anschließendem Tonkneten und ➢ Klettern einen bis vor fünf Tagen dem Faschismus ergebenen Halbstarken zum Pausengandhi machen. S. verstehen sich in ihrer Banditenschläue gewiss darauf, anwesenden Reportern, gar angetrunkenen Lokalpolitikern vorzuspielen, sie würfen sich, des eigenen Lebens entachtend, schlichtend in jedes Scharmützel, aber das war es auch, und es ist schlimmer als vorher, denn jetzt haben wir Erpresser, die die Betroffenheitsprosa des engagierten, ➢ progressiven ➢ Lehrers abrufen können.

Studienfahrt, die: Schulfahrt + Museumsbesuch.

Stundenplan, der: Nicht nur seitens der wertfrei heranwachsenden Jugend wird die Lehrperson aufs bitterste gequält; nein, auch die ➢ Schulleitung, ein meist machtloses und nicht selten einander verabscheuendes, jedoch schicksalhaft aneinandergekettetes Duo zwischen ➢ (Di-)Rektor und Konrektor, kann mit dem S. immerhin einmal pro Jahr das ➢ Kollegium verängstigen. Manche Stundenplaner sind die reinsten Künstler darin, einem missliebigen Kollegen hinter neunzig Minuten Unterricht neunzig Minuten Zwangspause zu basteln, um ihn dann mit Nachmittagsunterricht so richtig in den Schwitzkasten zu nehmen. Klar: Andere Leute müssen ohnehin bis zum Abend ihren kapitalistischen Mehrwert erbringen. Wir aber sprechen von der Schule, und da wollen alle weg.

T

Tadel, der: Der Schüler erhält ihn vom Lehrer, dieser ihn von der nächsthöheren Instanz, der ➢ Schulaufsicht oder dem Hausmeister. Außer dass der Tadel tadelt, tut der Tadel nichts, und eigentlich gewöhnt man sich rasch, ja hat sogar seinen geheimen Spaß daran, immer mal wieder zu tadeln und getadelt zu werden. Warum lässt man es nicht sein? Ja, wo kämen wir denn da hin!

Tafel, die: (➢ Kreide, ➢ Schwamm) Auf ihr finden alle mineralischen und theoretischen Katastrophen statt, an denen wir zerbrachen, als wären wir selbst nur Kreide. Die T. hat darüber hinaus noch mehr Eigenheiten: Sie kostet irres Geld, weil ein geheimnisvoller Mechanismus sie hoch- und runterschiebbar macht. Zumindest bis dieser Mechanismus kaputt ist.

Man muss die T. putzen, eigentlich immer, denn auch wenn sie geputzt ist, trocknet sie vom Kreidewasser verunziert ab und ist erneut schmutzig. T. hat eine absurdes Format, dem kein papierenes entspricht, sodass der von der Lehrkraft zu Hause konzipierte Anschrieb niemals Platz findet.

Tafeldienst, der: putzt die Tafel mit dem ➢ Schwamm, besorgt frische ➢ Kreide, lüftet vielleicht noch das Zimmer, fegt gar die Schuppen des ➢ Lehrers vom Tisch. Ist aber heute leider krank.

Techniklehrer, der: Unter den T.n ist immer mal wieder ein kognitiv limitierter Mensch zu finden, doch auch der begreift bald, dass es kein Zufall ist, dass sich seine Räume normalerweise in einem fensterlosen Keller befinden: Unter allen schulisch Wirkenden ist sein Renommee das allergeringste. Und das macht ihn bockig. Während seine Zöglinge die Händlein in Schraubzwingen quetschen (➢ Quetschung) und die Öhrlein von allerhand Maschinenterror frühen Hinschied nehmen, sitzt er an seinem Pult, feilt trotzig etwas Eckiges rund und sinnt auf private Einnahmen. Da sich durchaus auch Pfiffikusse und schlaue Hasardeure in das harte Fach verirren, bleibt es nicht zwangsläufig beim Sinnen: Es lohnte einmal, einen professionellen Ermittler auf die Flohmärkte im Osten zu schicken. Dort sind sie plötzlich, die angeblich gestohlenen Bohrmaschinen, dort findet man sie wieder, die schönen alten Schränke, die wer auch immer vorgeblich auf städtischen Befehl entsorgt haben soll. Und man kann auch 23 Vogelhäuschen kaufen, unterschiedlich gelungen, aber sehr preiswert.

Technikunterricht, der: das, was der Techniklehrer offiziell tut: gemeinsames Basteln mit maßvoll dosiertem theoretischem Beiwerk. Spricht ja nichts dagegen, dass man, während ein eierndes Windrad geleimt wird, auch mal eine Folie auflegt, die in der sperrigen Graphik der 70er Jahre klarmacht, dass es tatsächlich der Wind ist, der das Rädlein dreht, weshalb es ja auch Windrad heißt. Wie gesagt, spricht nichts dagegen, kuckt ja eh keiner hin.

Textnahes Lesen, das: gezielt freudloses In-den-Text-Zwingen; ➢ Schüler wird durch verschiedene Kampfmittel dahin getrieben, dass er sehr langsam und über die Maßen gründlich, gleichsam mit der Nase taktil auf jedem i-Punkt verweilend, alles ganz genau liest, auf dass er es ewiglich behält. Freilich vergrault dieses Vorgehen auch noch den eifrigsten Leser unter den Schülern, sodass der junge Mensch fortan unter keinen Umständen überhaupt noch etwas lesen will.

Tintenpatrone, die: Einst ward dieser mit Tinte befüllter Behälter gepriesen, weil er das Fuhrwerken mit dem Kolbenfüller durch eine rasche, moderne Aktion ersetzte. Als hätten wir es uns nicht denken können, dass die T. unter wippenden Schülerstühlen platzen wird, dass ihr inwendiges Kügelchen alle autistischen Sammelleidenschaften des Menschengeschlechtes zu wecken vermag, dass sie vor allem leer ist, wenn man sie braucht, und nicht zuletzt daher vom benagbaren Wegwerfkuli dem Mahlstrom des Vergangenen, Vergessenen anheimgegeben werden würde.

Toilette, die: Ja, natürlich weiß jeder, was eine T. ist, dass T. in öffentlichen Gebäuden Kabinen haben und im Falle der Herrent. Urinale die Wände zieren oder an deren statt einfach eine Rinne in den Boden gekerbt ist, in die Mann dann mehr oder weniger zielgenau sein Wasser abschlägt.

Schon weniger verbreitet ist das Wissen um Vomatorien, brusthohe Becken mit Haltegriffen, in die man sich komfortabel erbrechen kann. Solche findet man in den Sanitärtrakten von einschlägigen, resp. schlagenden Studentenverbindungen – leider nicht in Schulen, wo sich erstaunlich oft erbrochen wird. Nicht bekannt und nicht bekannt sein könnend, da nicht begreifbar, ist die Anziehungskraft der Großtoilette auf den heranwachsenden Menschen. Es ist dies ja nicht nur einfach ein Raum zur kultivierten Entlehrung des Leibes, es ist dies eine Multifunktionskloake, ein verschmutzter, zugequalmter, ohnehin stinkender Abtritt: Papierrollen wälzen sich in Urinseifenwassergemisch, Hilferufe gepeinigter Fünftklässler dringen aus den beschmierten Kabinen, die Riegel klemmen, das Licht flackert, die Heizung fiept. Trotzdem ist diese Hölle der Ort, wo die Schüler sich am liebsten aufhalten. Und es ist nicht nur das dort praktizierte Tabak- und Cannabisrauchen, das Schnapstrinken und Pille(n)-nehmen – es ist dort anscheinend einfach noch am erträglichsten in der ➢ Schule.

Tomate, die: hier nur als sinnentleertes Reimwort, lassen wir alles Italienisch-Kulinarische dieses Nachtschattengewächses beiseite. Schreiber dieser Zeilen hat ihn selbst abgelauscht, den folgenden Zweizeiler aus Grundschulmund, er sei hier wiedergegeben, um endlich mit dem Rousseau'schen Quatsch aufzuräumen, dass das Kind gut, kreativ und Gott näher sei als wir. Das Kind mögen wir bitte schön heftig lieben, aber nicht aufgrund dieser Eigenschaften, denn es hat sie nicht. Nun also das Poem:

Tomate, Tomate,
mein Pimmel kann Karate.

Noch Fragen?

Transfer, der: Anwendung erworbenen Wissens, möglichst lebenslang, aber nichts da!

U

unkonventionell (Adj.): So fühlt sich mancher ➢ Lehrer schon, wenn er mal einen Witz mit einem schmutzigen Wort macht und dabei auf dem Tisch sitzt. Da ist er ein bisschen großzügig mit sich selbst, aber was soll's, 's ist sonst ja keiner.

Untergeschoss, das: Manches, bei ➢ Technikunterricht erwähnten wir das, findet bevorzugt in feuchten, dunklen Räumen, euphemistisch dem sogenannten U. statt. Hier wummern die Rohre, hier sind geheimnisvolle Kammern und Hallen, die einfach vergessen wurden, weil man sie nicht benötigt, während man drei Meter höher händeringend Platzmangel beklagt. Rätselhafte Lagerstätten sind das mit längst erkalteten Brennöfen, wohl auch die ein oder andere mumifizierte Schülerleiche, die man dort zu Lebzeiten zum Zwecke eines mehrstündigen Nachsitzens einschloss und die man dann einfach über dem vielen Durcheinander im Postfach vergessen hat, findet sich, fände sich dort.

Unterricht, der: Sammelbegriff für das hilflose fünfundvierzigminütige Rudern des lehrenden Menschen. Sozusagen das vakuöse Auge des großen pädagogischen Hurrikans. Im U. kommen zum Einsatz: Vox humana, ➢ Kreide, konzeptionslose ➢ Fotokopien in entweder zu großer oder zu geringer Anzahl, ein bis zwei Folien, welchselbe infolge zu geiziger Schriftgradwahl überhaupt nicht zu lesen und Tafelbilder, die aufgrund des Schmutzgrades der ➢ Tafel ebenfalls nicht entzifferbar sind.

➢ Schüler beklagen, U. sei langweilig, das stimmt so gut wie immer. Hierfür mehrere Gründe:

1. U. ist häufig gar nicht oder doch nur wenig vorbereitet.
2. U. ist schon aufgrund der befohlenen Inhalte von entsetzlicher Ödheit durchdrungen. Beispiele hierfür:

Amerikanische Nationalparks, in denen Opossums geschützt sind.

Das Leben der Familie Smith in Liverpool. (Neue Vokabeln: dish washer, soccer, swimming pool, dark room.)

Der historische Bischof Nikolaus.

Kalte und warme Farben.

Musik der Renaissance.

Die Satzteile.

Verantwortlicher Umgang mit Sexualität. (➢ Orgasmus, ➢ Sexualkunde)

3. U. wird abgehalten von einer von Krankheit und beruflichem Scheitern stark mitgenommenen und somit kaum sinnvoll agieren könnenden Person – dem ➢ Lehrer.

Unterrichtsbesuch, der: ➢ Hospitation, ➢ Lehrprobe

Unterrichtsplanung, die: ➢ Zettel

Unterstufe, die: die ersten drei Jahre im Gymnasium, dann kommt man in die Mittelstufe, und interessanterweise ist das nichts anders wie sonst ein Wechsel der Klassenstufe auch. Also auch hier wie bei ➢ Oberstufe: Was soll der Name? Was soll das Ganze?

Unterstufensprecher, der: ➢ Oberstufensprecher

V

Verbeamtung, die: vielleicht das einzige wirklich große Glück, das dem Lehrmenschen auf Dauer beschieden ist. Eine eigentlich unfassbare Privilegierung eines ansonsten so über jedes Maß hinaus verachteten Standes. V. bedeutet, das sei für die wenigen, die es nicht neidvoll wissen, hier wiederholt: Dich behalten wir für immer, und es ist ziemlich egal, was du nun in alle Ewigkeit treibst. Bei allem Volkszorn gegen diese schöne Sitte – warum gibt es die teure V. wohl immer noch?

Da ist Ruhe am Stammtisch, dabei ist es doch ganz leicht: Wären Lehrende keine Beamten, hätten sie ein Recht zu streiken! Und das täten sie dann, aber hallo! Zu Recht und in aller Bitterkeit – ja, kaum weniger als ein blutiger Bürgerkrieg wäre zu befürchten, wenn es endlich legal wäre, das ganze Leid und Elend auf die Straße zu tragen, Gehaltskürzungen und Arbeitszeitverlängerungen, vor allem aber die vielen, vielen Schmähungen, Verleumdungen, Drohungen, Attacken. Das wissen die Politiker nur zu gut, sind doch viele ➢ Lehrer in ihren Reihen. Deshalb bleibt die V. bestehen …

Verkehrserziehung, die: Nicht bei Rot über die Ampel gehen, wäre gar nicht gut.

Versetzung, die: Nicht hockenbleiben, wäre gar nicht gut.

Versetzung auf Probe: Klasse würde sonst zu klein, wäre gar nicht gut. Igor bleibt.

Vertrauen, das: «Ich muss jetzt zum Rektor, und ihr seid in dieser Zeit unbeaufsichtigt. Aber ich vertraue euch.» Heißt meist: «Mir egal, was passiert, total egal!»

Oder auch: «Was ist denn mit dir los, Kollege, du siehst gar nicht gut aus. Komm, sag mir, was los ist, ganz im Vertrauen ... Frau weg? Mit jungem Dreckbubi durchgebrannt? ... ALLE MAL HERHÖREN!»

Zuletzt: «Meine Schüler vertrauen mir.» Heißt: «Awlfglgl-gllll.»

Vertrauenslehrer, der: Per Wahl wird jährlich ein V. oder oftmals eine V.in gewählt – in der Regel immer die gleiche Person, denn die Wahl zum V. organisiert (und manipuliert) der V. selbst.

Es handelt sich natürlich um ein löbliches Amt. V. ist (sollte es sein) erste Anlaufstelle für ungewollte Schwangerschaften, das Leid erpresster Schwacher, Angst vor prügelnden ➢ Eltern, ➢ Lehrern.

Natürlich aber, wir sind alle nur Menschen, ist die Tatsache, als möglicherweise einzige Person im verhassten ➢ Kollegium einen Draht zu, ja fast schon einen Schlag bei den ➢ Schülern zu haben, nicht immer gut für den ➢ Charakter. So ist mancher V. nach seiner wöchentlichen Beratungsstunde kaum wiederzuerkennen. Seinen Platz am Lehrertisch, wo er sonst fröhlich vor sich hin raucht und ➢ Kaffee trinkt, nimmt plötzlich ein Mensch ein, der ihm zwar äußerlich ähnelt, aber in einer Rodinartigen Denkerpose erstarrt scheint, einzig am gelegentlichen Seufzen noch als lebendig kenntlich. Irgendwann richtet er sich auf und sagt: «Mann, Mann, was ich da heute wieder erfahren habe ...» Dann lässt er pfeifend Luft ab bzw., wenn er eine «sie» ist, schüttelt sie die Löwenmähne, dass die großen Ohrgehänge aus Lanzarote ein wirres Geläut anstimmen.

Nun wüssten wir natürlich alle gerne, ob es stimmt, dass die Sabrina aus der Zehnten ein Kleines kriegt, ob Filippo wirklich Schutzgeld bei Eisdielen eintreibt und Svens Opa tatsächlich die Kasse bei der NPD macht, aber der/die V. versteht sich aufs Geschäft und lächelnd uns nur mitfühlend an: «Ich kann euch natürlich nichts darüber sagen.» Dieses Lächeln, diese komplexe mimische Aktion, die wir alle verlernt haben, ist das Schlimmste am Ganzen. Verdrossen gehen wir zu unseren Schülern und schreien sie an.

Videoraum, der: wird wohl noch zweihundert Jahre so heißen, obwohl die DVD der Videokassette den Rang abgelaufen hat. Schließlich heißt der ➢ Kartenraum ja auch immer noch «Kartenraum» und nicht, s. o., Raucherrestrefugium o. ä.

Da ➢ Schulen ihr Elend ja auch der Schandzunft schlechthin, den Architekten (➢ Schulgebäude), verdanken, ist grundsätzlich zu wenig Raum vorhanden. Der V. muss daher in aller Regel mit irgendeinem anderen Funktionsraum die Existenz teilen. Deswegen ist der V. entweder zugleich der ➢ Musiksaal, und die Kinder schlagen mit Paukenschwengeln alles zu Bruch, oder er ist der Chemiesaal, dort sprengt der ➢ Chemielehrer Röhren und Chips in die Luft. Daher sind Player und Monitore üblicherweise in einem verschließbaren Schrank untergebracht, der auf Rollen steht.

Und jetzt geht's los: Der Schlüssel für den Schrank fehlt, die Räder blockieren, ohnehin dringt gerade zur ungeduldig wartenden 7b die 7a hinzu, inklusive der Kollegin Elzenauer, die sofort loskreischt, sie habe den V. seit Tagen reserviert. Ein großer Unfug nimmt seinen Lauf.

Warum an ➢ Schulen trotzdem hartnäckig, fast verbissen ➢ Filme gezeigt werden, wird an anderer Stelle erörtert.

Viehzucht, die: Besinnen wir uns an dieser Stelle auf die vielen guten Dinge, die wir in der Schule gelernt haben. Okay, schon fertig. Jetzt, gerechtigkeitshalber, ein paar Gedanken an Dinge, die wir in der Schule niemals hätten lernen können, da die Schule sie gar nicht lehrt. Wäre ja so blöde nicht, wenn man das Zehn-Finger-Schreibsystem erlernte, ich wär schon mit dem Lexikon durch und könnte fernsehen. Auch ein Fach «Recht» schiene sinnvoll, wenn man bedenkt, wie relativ komplex heutzutage schon eine simple Scheidung auf die Beine zu stellen ist.

Gut, gut: Diese Dinge wurden nie unterrichtet und werden es deshalb auch in Zukunft nicht. Begründung: weil. Aber warum müssen wir so viel über die Viehzucht in Amerika lehren und lernen? Was ist denn daran so wichtig? Was macht das Rind so rätselhaft? Was hat das Rind, das dem Recht abgeht, sind's die vielen Mägen? (➢ Igel)

Vokabeltest, der: Sonderform der Sonderarbeiten auf ➢ Zettel. Der V. prüft schlicht, ist schnell gemacht, ruck, zuck korrigiert und nicht von ➢ Eltern ➢ irgendwie problematisierbar.

Man müsste mal das Menschenexperiment wagen und einen ➢ Schüler zwingen, ausschließlich Vokabeln, aber sonst keine Regel oder Wendung einer Fremdsprache zu erlernen. Man fürchtet: Er käme ganz gut durch.

Die oben angedeutete methodische Schlichtheit des V. ist der Grund für sein hohes Ansehen. Denn am besten unterrichtet sich's noch immer, wenn's nicht zu kompliziert zugeht. (➢ Cluster)

W

Waffen, die: ➢ Schüler haben sie, wir ➢ Lehrer wollen welche … ➢ Angst ➢ Wut ➢ Hass.

Waldorfschule, die: Unter den vielen Dingen, die man nicht fasst, ja, die im Lauf des Lebens immer nebulöser werden, zählt auch die W. und alle ihre Begleiterscheinungen. W. geht zurück auf den Denker R. Steiner, der sich einen nicht nachvollziehbaren Gedankencocktail gemixt hat, welcher den Leuten bis heute irgendwie schmeckt.

Wiedergeburt, Astralleib, Auswirkungen des rechten Winkels, von allem ein bisschen. Wenn man bedenkt, mit welchem Zorn andere Wissenschaften bedacht werden, die im Verdacht des Nicht-ganz-wissenschaftlich-Seins stehen (➢ Pädagogik), so ist die relative Toleranz, die gesellschaftlich der Steiner'schen Lehre, der Anthroposophie, entgegengebracht wird, einfach ein Wunder. Doch nicht jedes Wunder muss uns erfreuen.

➢ Irgendwie auf dieser Lehre aufbauend, hat man dann noch ein Schulsystem gebastelt, die W. Dort wird das Kind in bestimmten Zyklen geahnt, in gewissen Epochen gesehen, nach einfach so angenommenen Methoden herzlich autoritär unterwiesen.

Das Lehrerkollegium setzt die Gehälter der Kollegen je nach Bedürftigkeit fest. Ja, wer macht denn bei so was freiwillig mit?

Vor der W. kapituliert die Sprache und flüchtet sich einfach zum Punkt.

Wandertag, der: Busfahrt nach Bad Botz, dort Abmarsch ab Parkplatz, quer durchs Gewerbegebiet, Umweg laufen, da Puff neben Einkaufscenter und Elternsprecher Pietist. Aufstieg im Regen zur Sonnenhütte. Dort essen, trinken: Tee, Frischkäsebrötchen mit Salatblatt und Gürkchen und zum Nachtisch einen Apfel (➢ Lehrer/Lehrerin); Chips, Cola, Bier, Marlboro (➢ Schüler). Weiter Richtung Sendemast, dort zweite Rast; inzwischen Gluthitze, Wespennest. Interessante Schautafel über seltene Tierarten. Über Wurzeltreppe runter ins Köbeltal, zahllose Stürze. Gewitter. Todesangst. Unten schnell an der Bundesstraße entlang Richtung Stadtkern Bad Botz. Zwei Stunden zur freien Verfügung. Bier, Marlboro (Lehrer, Lehrerin, Schüler). 16 Uhr, Treffpunkt Parkplatz. Drei fehlen: Kevin, Igor und der Bus.

Weihnachtsfeier, die: Nicht nur im schulischen Kontext verbreitetes ➢ Ritual, dort aber unerhört schrecklich. Dumme, falsche Gesänge, unverhohlene Sozialkontrolle beim Krabbelsack (niederdt.: Julklapp), schauderhaftes Geflöte, fettes Gebäck, senil grinsendes Elternvolk, zerquälte Lehrerinnen und Lehrer, hysterische Kinder sowie Tannenzweige, Kerzen und verstohlene Kippen im Freien. Also so ähnlich wie Weihnachten selbst.

Winterhalbjahr, das: Es ist ohnehin für alle immer schwer bis unerträglich, das Ding «➢ Schule». Wie kann es dann noch schlimmer kommen? Man nehme: kalte Tage ohne Licht, zähe Wochen ohne Pause, dann den Weihnachtsterror auf den Straßen, viele Tage fressen und streiten, wieder Schule, immer noch kein Licht, Schrammen und Brüche auf glatten Wegen ... Plötzlich (fast) bundesweit: Holladrio, wir freuen uns, jetzt kommt die Faschingszeit, feiern, bis der Arzt kommt, ach, da ist er schon, hab ihn gar nicht erkannt unter seiner Deppenmaske, keine Maske? Urlaubsvertretung? Eiei.

Mittwoch.

Aus.

Kater.

Schule.

Das ist das Winterhalbjahr.

Wirtschaftsgymnasium, das: Es war wohl in den 70ern, zeitnah zu orangen Küchenfliesen, meterdicken Sohlen und braunen Bädern: Wir erfanden ein Zusatzgymnasium. Wo kommt das viele Geld her, das es uns ermöglicht, endlich die trotz Weltkrieg stehen gebliebenen alten Häuser abzureißen und durch schmucke Bauhauskuben zu ersetzen? Aus der Wirtschaft! Was brauchen wir also? Wirtschaftsleute! Und damit fangen wir ganz früh an und bauen daher W.! Beispielsweise dahinten, da, wo die alte Stadtmauer verläuft und die Fachwerkhäuser stehen – das Zeug muss weg und ein W. hin. Die Turnhalle passt genau auf den jüdischen Friedhof daneben …

Verlieren wir uns nun nicht in Details, was sich im W. Tolles tut, überlassen wir der Propaganda, den dort Tätigen, falls sie den Mund noch aufkriegen. Schauen wir uns stattdessen – ganz ruhig und andächtig – unsere Wirtschaft an. Na? Wie läuft die? Stand 2007 – wieder bisi besser? Aber auch da und dort noch bisi schlechter als im letzten Jahr?

Die haben echt was gebracht, die dreißig Abijahrgänge aus Wirtschaftsgymnasien. Hut ab.

Workshop, der: neudeutsch für Arbeitstreffen oder Seminar. Gibt's leider nicht nur in der Schule, aber da wir Pädagogen ja gutwillig wie Maultiere sind, gilt hier wie immer: Klingt neu und gut, wir machen (kurz) mit!

Was ist nun ein W.? *Das* semantische schwarze Loch. Heißt allenfalls: «Wir machen irgendwas, was lange dauert, aber zwischendurch mal Pause.» (➢ Antiaggressionstraining, ➢ Projekt)

Wut, die: O ja, nicht nur die ➢ Angst eint alle, die W., jene starke, der Raserei ähnliche Gemütsregung tut mit und wie ... Kurz gesagt: Schulisch wütet jeder kreuz und quer, die schlimmste W. aber ist im Leib des ➢ Lehrers gefangen, sie kann nicht heraus, denn sie ist in sich selbst verbissen, wird zur zweiten Natur: «Ich will einen anderen Beruf mit den gleichen Arbeitszeiten, der gleichen Kohle. Ohne Kinder. Den krieg ich nicht. Den gibt es nicht. Grrrrrrrr.»

X

x-Gleichung, die: mathematische Gleichung mit einer Variablen x, die es durch eine Zahl, einen Vektor oder auch eine Funktion zu ersetzen gilt. Beliebtes Lügenmotiv demotivierter Mathematiklehrer. Selbige behaupten stets, ihre Schüler könnten sie lösen, und das, obwohl sie die Klasse vorher vom Kollegen Soundso mit Rückstand übernommen haben. Kurz vor zentralen Prüfungsarbeiten (➢ Evaluation) wird dann der Fassungslose gemimt, der einfach nicht begreift, wie das passieren konnte. «An Ostern konnten das alle, und jetzt ist alles weg.»

Mitunter bilden sich Lügentandems heraus, und die den Mathematiklehrer begehrende Kollegin aus dem Fachbereich «Gesundheit und Ernährung» (hier wechseln die Bezeichnungen häufig) ergänzt, das liege «auch am Fernsehen».

x-mal (Ausruf der Verzweiflung): «X-mal hab ich's euch gesagt, x-mal habe ich angerufen, x-mal hab ich das Buch gesucht, x-mal hab ich dies und das ... Und ach, und ach ... Jetzt mag ich nicht mehr ...», Blut staut sich im Schädel, Herz, Lunge, Leber schalten ab, der letzte Gedanke: «Dabei wären es nur noch drei Jahre gewesen.»

Y

y-Achse, die: immer grade falsch bezeichneter Bleistiftstrich, der zur eigentlich deckungsgleich erwünschten Kästchenformation des Mathematikhefts einen spitzen Winkel beschreibt. Nur dieser Winkel ist spitz, der Bleistift ist stumpf, was eine breiige und nutzlose Graphik zeitigt.

Y-Chromosom, das: macht den Mann aus. Lustlos wird es erklärt und nicht verstanden. In Biologie hängen die meisten jungen Menschen bereits bei der Durchnahme des Kaninchens hinter allen Erwartungen zurück.

YMCA, the: mögliche Anlaufadresse für ➢ Studienfahrten nach Großbritannien. Dort angekommen, hauen sich die ➢ Lehrer schales Bier gleich eimerweise in den Schlund, während schwule Diakone ihre Knaben rauben.

Yoda, der (das?): Lehrperson aus dem Science-Fiction-Fantasy-Epos «Krieg der Sterne». Man könnte nun meinen, Yoda sei eindeutig als fiktionale Gestalt erkennbar, weil er grün ist, in seltsam falschem Satzbau kommuniziert und Ohren hat, die zwei dem Schädel entwachsenen Rettichen gleichen. Doch Vorsicht! Es könnte sich auch um einen realen Lehrer nach einer Doppelstunde Ethik in einer neunten Hauptschulklasse freitags zwischen 11.30 und 13 Uhr handeln.

Eindeutig erfunden ist Yoda, weil er:

– seinen ➢ Schülern etwas beibringt.

– weit über die übliche Pensionsgrenze hinaus arbeitet, sogar mit Lust und Passion;
– etwas kann, was außergewöhnlich ist (in seinem Fall eine Art Telekinese).

Youngster, the: So nennt der idealistisch tuende ➢ Pädagoge (➢ jung geblieben sein) gerne seine ➢ Schüler. Er hasst sie freilich ungeachtet der flotten Etikettierung leidenschaftlich. Auch kann er sonst kein Englisch bzw. hat es fast absichtlich verlernt.

Yuppie, the: Beispiel für verschnarchtes Pädagogenenglisch. Dieser Modebegriff aus den 80er Jahren hat es nunmehr im 21. Jahrhundert geschafft – und zwar in die Schulbücher und harten Hirne der sie schematisch abarbeitenden Lehrersleute. Nun, da er im englischen Raum nicht mehr benutzt wird (der Begriff) bzw. angesichts des sagenhaften Niedergangs der westlichen Werte-, will sagen Börsengemeinschaft, nicht mehr existiert (der mit dem Begriff gemeinte Mensch), jetzt lernen ihn die Kinder.

Z

Zahnpflege, die: Klar, auch die Z. soll der ächzende Moloch Schule im jungen Volk noch ➢ irgendwie etablieren. Meist kurz nach Beginn der Beschulung, kurz nachdem kleine tapsige Hände mit stumpfen Scheren den ersten ➢ Igel ausgeschnitten haben und kurz bevor bereits die ersten Außenseiter von kleinen tapsigen Fäusten in den sozialen Tod geprügelt werden, kommt irgendeiner im weißen Kittel, verschenkt Becher, Bürsten und kleine Tuben, erklärt, wie lange und oft man tüchtig schrubben soll, und geht dann wieder und will ja gar nicht, dass man putzt, sonst gäb's doch nichts zu bohren!

Zeichensaal, der: Ort für ➢ Kunstunterricht, dafür aber oftmals nicht genutzt, weil er nicht schmutzig werden darf. Dass damit zum millionsten Mal Absurdität das letzte bisschen Geist aus den feuchten Schulmauern bläst, wird nicht mehr wahrgenommen. Es hat sich einfach durchgesetzt, so zu verfahren, also nicht zu verfahren, einfach so, wie es ist, wir kennen das schon, wir kennen uns aus, es gongt. Nach Hause.

Zettel, der: (➢ Spickzettel): einerseits Medium zur verbotenen und daher nur umso massenhafter praktizierten kindlichen Kommunikation während des ➢ Unterrichts, hauptsächlich denunzierenden, schmähenden, anrüchigen Gehalts, oftmals alles drei. Zweitens ist er aber auch das völlig ausreichende Medium der pädagogisch-planerischen Tageskonzeption:

> 1. bis 3. Stunde: 5 c; Diktat, Verbesserung, Lesebuch, Fabeln weiter. In der dritten Mathe weiter nach Buch.
> 4. Stunde: Vertretung 7 b, was malen lassen.
> 5. und 6. Stunde: 9 c – Mandalas

(➢ Mandala)

Zeugnis, schlechtes, das: Zertifikat, das möglicherweise lebenslang dem faulen Kinde heimzahlt, das es sich geweigert hat zu lernen. Freilich werden an den niederen Schulen so planlos, munter und flächendeckend schlechte Zeugnisse ausgestellt, dass die Entwertung letztlich sogar politische Folgen hat – schließlich ist es eine der vielen schönen Aufgaben der Politik, eine Versetzungsordnung zu beschließen.

Wenn nun ein Hauptschüler in Baden-Württemberg in Sport eine 2 hat, in Kunst oder Musik eine 6, in Deutsch, Mathematik und Englisch eine 5, ansonsten ausschließlich Vieren nach Hause trägt, dann mag ihn zwar die Mutter mit dem Gürtel das Fell gerben, er wird aber versetzt!

Zwei Fünfen sind schlicht erlaubt, jetzt geben wir uns einfach mal großzügig, und sei es, damit wir unberechenbar bleiben. Die dritte Fünf, nehmen wir die in Deutsch, wird durch das propere Gebaren bei den Leibesübungen völlig ausgeglichen. Apropos, da Kunst, Musik und Sport nicht jedermann liegen, gilt von diesen dreien (warum, weiß wie immer keiner) nur die beste Zensur.

Die Alternative wäre doch vielleicht, dass sich Lehrerinnen und Lehrer lustige Hüte aufsetzten und gleich zum Schulbeginn eine Art Grund- oder Volksdiplom überreichten, das als ➢ irgendwie wertig, sinnvoll, befähigend und qualifizierend gilt.

Und dann machen wir den Laden zu.

Ziel, das: Jeder ➢ Lehrer hat diverse und erreicht sie nicht. Ja, ein pädagogisches Ziel kann überhaupt nicht erreicht werden, weil es absolut unmöglich ist, dass eine unterrichtliche Verrichtung in dreißig verschiedenen Zöglingen das Gleiche bewirkt. Dennoch tut man beim Zielen so, als ginge das. Und schon wird wieder schamlos – ach, wie oft noch? – gelogen.

Zitat, das: komprimiertes Bildungsimitat (➢ Bildung!) des gescheiterten ➢ Lehrers. Letztes Aufbäumen des Rindes vor der Schlachtbank. Im auswendig Daherbeten einer Dichterphrase verliert der Lehrer für einen Moment den Albdruck seiner Würdelosigkeit, in einem kleinen pathetischen Flatus schnüffelt er dem hinterher, was ihm, als er noch ein Mensch war, der Duft der großen weiten Welt des Wissens schien.

Zwiebel, die: Einstieg in die intellektuelle Verabschiedung des heranwachsenden Menschen, Tatort: Grundschule. Z. wird ausgegeben und soll zu Hause eingepflanzt und zu einem essbaren Stängel herangezogen werden. Das funktioniert selbstverständlich nicht, da der Mensch unter zehn keineswegs über die neuronale Vernetzung verfügt, die es ihm ermöglichte, auch nur jeden Tag zu gießen. Am Ende gar nicht jeden, sondern nur jeden dritten o. ä. Das Kind wird getadelt, die ganze Sache bringt nichts.

Zyste, die: psychosomatischer, finaler Warnruf des Körpers der verlorenen Lehrperson. Wird entfernt. Das Elend bleibt.

«Lasst, die ihr eingeht, alle Hoffnung fahren!
(Dante)